Unser schönes Hamburg

in Luftaufnahmen von 1930

Joachim Paschen

Medien-Verlag Schubert

MVS

2. überarbeitete Auflage

ISBN 978-3-937843-56-8

Konzept/Gestaltung: Medien-Verlag Schubert / Thomas Börnchen
Printed in Germany

Inhaltsverzeichnis

Einleitung 7

St. Nikolai 9
Die erste Kirche der Hamburger Kaufleute

Mönckebergstraße 10
Eine Hauptschlagader des Verkehrs

Steinstraße 11
Ein Fernhandelsweg als erste gepflasterte Straße Hamburgs

Sprinkenhof 13
Hamburgs größtes Kontorhaus

St. Jacobi 15
Die Kirche der Pilger, der Fuhrleute, der Handwerker, der Bauern

Chilehaus 16
Das erste Kontorhaus im Sanierungsgebiet der südlichen Altstadt

Deichtormarkt 18
Der größte Marktplatz Hamburgs

Alsterdamm 19
Neubauten nach dem Großen Brand 1842

Rathaus 20
Rücken an Rücken die geballte politische und wirtschaftliche Macht

Börse 22
Das Herzstück der hamburgischen Wirtschaft

Jungfernstieg 23
Die beliebteste Promenade der jungen Leute trug früh den Spitznamen Jungfernstieg

Alsterfleet 24
Durch zwei Wasserläufe fließt die Alster in die Elbe

Westufer der Binnenalster 25
Kreuzung von Neuer Jungfernstieg und Esplanade

Lombardsbrücke 26
Eine Brücke trennt die Binnen- von der Außenalster

Holstenplatz 27
Ein Platz mit Kreisverkehr

Musikhalle 28
Hamburg wollte in der Weltklasse mitspielen

Deutschlandhaus 29
Eine Großbaustelle an der Dammtorstraße

Seewarte 30
Ein italienisches Kastell auf einer Bastion

St. Katharinen 31
Die Kirche der Schiffer direkt am Wasser

St. Michaelis 32
Die jüngste, größte und am höchsten gelegene Hauptkirche Hamburgs

Gängeviertel 35
Ein Elendsviertel der besonderen Art

Zoologischer Garten 36
Eine Grünanlage ohne Lebewesen

Universität 37
Ein Kuppelbau „der Forschung, der Lehre, der Bildung" geweiht

AK St. Georg 39
Benannt nach dem Heiligen Ritter mit dem roten Kreuz

Hammerbrook 40
Vom Weide- und Gemüseland zur Fabrik- und Arbeitervorstadt

Am Bille-Bogen 41
Wohnen und Arbeiten im Gedränge

Hachmannplatz 42
Eine Allee zur Kirche

Hotel Atlantic 43
Ein Nobel-Haus an der Außenalster

St. Pauli-Landungsbrücken 44
Zu Füßen des Hamburger Bergs

Reeperbahn 46
Eine lange und schnurgerade Strecke, um Schiffstaue und -seile zu drehen

Schlachthof 47
Die Versorgung der Millionenstadt

Außenalster 48
Baden in der Alster

Mundsburg 50
Eine Großbaustelle bei der Hochbahn-Haltestelle

Rauhes Haus 51
Ein Rettungsdorf für sittlich gefährdete Knaben

Barmbecks Kaufhaus 52
Ausverkauf bei Karstadt an der Hamburger Straße

Dampfbäckerei 53
Eine Fabrik in Barmbek umringt von dreistöckigen Hinterhäusern

Uhlenhorster Fährhaus 54
Eine Ruderregatta auf der Außenalster

Rondeel 55
Ein Rundling um einen Teich

Goldbekkanal 56
Landgewinnung durch Kanäle und Aufhöhungen

Winterhuder Marktplatz 57
Vom autofreien Platz zum Verkehrsknoten

Winterhuder Fährhaus 58
Kein Fährhaus, sondern ein Ausflugslokal

Stadtparksee 60
Die größte öffentliche Grünanlage Hamburgs

Planetarium 62
Ein Wasserturm an der höchsten Stelle des Stadtparks

Habichtsplatz 63
Am Stadtrand Platz für die Stadtarmut

Jarrestadt 65
Neues Wohnen in Barmbek

Meerweinstraße 66
Eine Volksschule für die Arbeiterstadt

Dulsberg 67
Im Kampf gegen die Wohnungsnot

Barmbeks Parkkrankenhaus 68
Das dritte Krankenhaus für Hamburg

Barmbeks Industrie 70
Arbeiten und leben an den Kanälen

Ohlsdorfer Friedhof 72
Eine Parklandschaft als letzte Ruhestätte

Krematorium 73
Der Würde des Todes angemessen

Restaurant Röttger 74
Mit Blick auf den Haupteingang zum Friedhof

Freibad Ohlsdorf 75
Hamburgs erstes Familienbad

Ratsmühlendamm 76
Eine breite Verbindungsstraße zwischen Alster und Alsterkrugchaussee

Heinrich-Traun-Siedlung 78
Ein Wohnquartier am grünen Stadtrand und unmittelbar am Alsterlauf

Eine neue Realschule im Alstertal 79
Ein Flachbau mit vielen Fenstern

Im Anflug auf Fuhlsbüttel 80
Hamburgs Flughafen auf einsamer Flur

Flughafenterrasse 81
Die Fliegerei als Attraktion

Siemershöhe 82
Den Mittelstand zog es an den Stadtrand ins Grüne

Fritz-Schumacher-Siedlung 83
Für Kleinverdiener Kleinhäuser mit Gartenland zur Selbstversorgung

Irrenanstalt Ochsenzoll 84
Ein behütetes Dorf als Außenstelle der Krankenanstalt Friedrichsberg

Anscharhöhe 85
Wohltätigkeit in Eppendorf

Eppendorf 87
Von der Großstadt an den Rand gedrängt

Ein Allgemeines Krankenhaus in Eppendorf 88
Eine Pavillonanlage in einem Parkgelände

Heilwigstraße 90
Vom Nonnenkloster zum Damenstift

Beiersdorf in Eimsbüttel 91
Eine Fabrik für eine schneeweiße Hautcreme

Auswandererhallen 93
Von der Elbe ins gelobte Land der unbegrenzten Möglichkeiten

Müllverbrennung in Billbrook 94
Dreckschleuder an der Leeseite der Stadt

Bramfeld 95
Eine Kirche mitten im Grünen

Bramfeld Seehof 96
Ein Ausflugslokal mitten in der Natur

Berne 97
Eine Volksschule mit dem Berner Wald im Rücken

Farmsen Versorgungsheim 98
Vom Werk- und Armenhaus zum Pflegeheim

Farmsen Staatsgut 99
Vom Moorland zum Kulturland

Farmsen Trabrennbahn 100
Großer Renntag in Farmsen

Hagenbecks Tierpark 101
Die „größte Sehenswürdigkeit Hamburgs"

Finkenwerder 102
Ein Wachtposten bei der Einfahrt in den Hamburger Hafen

Hummelsbüttel Ziegelei 104
Einblick in die Eiszeit

Bergedorfer Nagelfabrik 105
Ein Norweger in Lohbrügge

Reitbrook 106
Eine Windmühle als Wahrzeichen

Veddel 107
Hamburgs Brückenkopf am Südufer der Elbe

Volksdorf 108
Ein Lustschloss für einen Hamburger

Walddörferschule 109
Unterricht in freier Natur und ländlicher Kultur

Wohldorf Schleuse 110
Durch das Schleusentor nach Hamburg

Zollenspieker 111
Vom Wachposten zum Fährhaus

Altona 112
Drei Lebensadern durchziehen die Stadt

Altona Hafen 114
Rauchende Schlote am umschlagfreundlichen Hafenrand

Altona Rathaus 115
Die neue Mitte Altonas

Bahrenfeld Steinway 116
Eine Weltfirma im neuen Industriegebiet

Bahrenfeld Freibad 117
Hervorragende Sportstätten als Anhang zum Volkspark

Blankenese Blick auf die Elbe 118
Der schönste Aussichtspunkt in Hamburgs Umgebung

Blankenese Süllberg 120
Ein runder Aussichtsturm als Wahrzeichen

Blankenese Strandhotel 121
Vom Fischerdorf zum Luftkurort

Blankenese Schulen 122
Realgymnasium neben Lyzeum

Blankenese Warburg Villa 123
Eine Sommerresidenz am Hang des höchsten Berges von Blankenese

Blankenese Krähenburg 124
Der Blick vom Krähenberg

Dockenhuden Elbkurhaus 125
Vom Nobel-Hotel zur Apartmentanlage

Dockenhuden Hirschpark 126
Der letzte Rest eines Riesenbesitzes

Klein Flottbek Jenisch-Park 127
Ein Sommersitz mit Blick auf die Elbe

Neumühlen Donner-Schloss 128
Der helle Prachtbau einer Bankiersfamilie als Ausbildungsstätte

Neumühlen 129
Vom Kühlhaus für Gefrierfleisch zur Residenz für Senioren

Nienstedten 130
Vom Elbschlösschen zur Elbschloss-Brauerei

Bergedorf Gojenberg 131
Auf den Bergen zu den Sternen

Bergedorf Schloss 132
Von der Wasserburg zum Heimatmuseum

Bergedorf Altstadt 133
Ein Durchbruch zu den Vierlanden

Bergedorf Hansa-Schule 134
Ein klassischer Schumacher Bau

Harburg Außenmühle 136
Ein großer See und ein großer Park

Harburg Eißendorf 137
Moderne Flachdächer inmitten alter Spitzdächer

Harburg Friedrich-Ebert-Halle 138
Zwei Schulen und ein Festsaal

Wandsbek Gewerbe 139
Handel und Wandel am Stadtrand

Wandsbek Markt 140
Von der Kreisstadt zum Stadtteil

Literatur 142

Einleitung

Hamburg im Jahre 1930 – auf halber Strecke zwischen dem Ende des Ersten und dem Beginn des Zweiten Weltkriegs: Deutschlands Tor zur Welt war im ersten Krieg nicht unmittelbar betroffen, hatte aber schwer unter den Folgen zu leiden: Der Welthandel war zum Erliegen gekommen, nicht nur die Kriegsschiffe, auch die gesamte Handelsflotte musste den Siegermächten ausgeliefert werden, die Elbe wurde unter internationale Kontrolle gestellt.

Die Revolution von 1918/19 hatte der Millionenstadt eine neue Regierung eingebracht, gemeinsam von der Sozialdemokratischen und der Demokratischen Partei gebildet: Mit großem Aufwand suchten Senat und Bürgerschaft an alte Traditionen anzuknüpfen und der Stadt ein neues Gesicht zu geben. Die 1920er Jahre wurden für Hamburg trotz vieler Schwierigkeiten eine Zeit des Aufbruchs.

Verantwortlich für das neue Gesicht war der geniale Stadtbaumeister Fritz Schumacher. Er hatte sein Amt bereits vor dem Krieg angetreten und erfüllte es bis 1933. Es glückte ihm gegen manchen Widerstand die Balance zwischen der mittelalterlichen Tradition des roten Backsteins und den Prinzipien des Neuen Bauens im 20. Jahrhundert. Er legte Straßen und Plätze an, er errichtete Geschäfts- und Bürohäuser, er plante Wohnsiedlungen und ganze Stadtteile, er schuf Parks und Grünanlagen und er baute Schulen, Schulen, Schulen. Überdies sorgte er für großhamburgische Gemeinsamkeiten mit den Nachbarstädten Altona, Wandsbek und Harburg sowie dem Umland.

Die britischen Flächenbombardements im zweiten Krieg haben die halbe Stadt zerstört; erstaunlich viele Schumacher-Bauten haben jedoch die Angriffe überstanden. Aus einer gewissen Ehrfurcht vor den Leistungen Schumachers haben die Hamburger wieder aufgebaut, was nur beschädigt worden war. Nur wenige Bauten wurden endgültig aufgegeben. Vieles von dem, was die britischen Bomben verschont hatten, blieb erhalten, aber so manche Bauten und Grünanlagen verschwanden in der Nachkriegszeit von der Bildfläche. Hamburg wurde zu Beginn des 21. Jahrhunderts zur wachsenden Stadt erklärt, die auf zwei Millionen Einwohner zusteuern soll.

Die hier ausgewählten Luftbilder entstanden um das Jahr 1930. Sie zeigen Hamburg vor den Zerstörungen des Krieges und den Abrissarbeiten in der Nachkriegszeit. Dabei werden neben der Innenstadt, den Vororten und vielen Stadtteilen auch jene Nachbarstädte und Randgemeinden berücksichtigt, die erst 1937 mit Hamburg vereinigt wurden. Nicht einbezogen ist der Hafen, weniger weil er eine eigene Darstellung verdient hätte, eher, weil er nach Ausbruch der Weltwirtschaftskrise mit den stillgelegten Schiffen in vielen Hafenbecken ein trauriges Bild bot. Drei Grundsätze haben die Auswahl bestimmt:

- Man soll sehen, wie das Stadtbild des 19. Jahrhunderts umgestaltet wurde.
- Man soll wiedererkennen, was in den ersten drei Jahrzehnten des vorigen Jahrhunderts in Groß-Hamburg entstanden ist und heute noch in veränderter Umgebung steht.
- Man soll mit Wehmut betrachten, was im Krieg und durch Abriss verloren gegangen ist.

Aufnahmen aus der Vogelperspektive sind 1930 nichts Neues. Bereits Ballonfahrer und Zeppelinschiffer haben den Reiz solcher Aufnahmen erkannt. Im Ersten Weltkrieg dienten Luftaufnahmen der Aufklärung hinter den feindlichen Linien. In den 1920er Jahren waren es vor allem Vermessungsämter, die sich durch solche Aufnahmen eine exaktere Kartographie versprachen. Für die Fotografen war es in den offenen Maschinen ein windiges Geschäft: Mit beiden Händen richteten sie ihre schweren Apparate auf das Ziel aus; die Flughöhe erlaubte eine große Blende, die Geschwindigkeit des Fliegers verlangte eine kurze Verschlusszeit; die belichtete Glasplatte im Format 13 mal 18 musste schnell mit einer neuen getauscht werden, damit das nächste Ziel anvisiert werden konnte.

1930 hat es offenbar den Versuch gegeben, ganz Deutschland aus der Luft zu fotografieren. Jedenfalls existieren aus diesem Jahr solche Aufnahmen von zahlreichen deutschen Städten und Landschaften. Durchgeführt wurde das Unternehmen von einer Luftbild-Gesellschaft, die dafür Flieger und Fotografen engagierte. Die Attraktion dieser Bilder besteht darin, dass sie weniger unübersichtliche Totalen, mehr detaillierte Großaufnahmen zeigen: Wir sehen nicht nur Gebäude, Straßenzüge, Siedlungen, sondern auch Menschen, Fahrzeuge, Aufschriften. Wir können bei genauer Betrachtung das Leben nachempfinden. Die beigefügten Texte sollen bei der Orientierung behilflich sein und dazu ermuntern, vor Ort vergangenen Zeiten auf die Spur zu kommen.

Gewidmet ist dies Buch Herbert Eisenhauer, dem langjährigen Fotografen der ehemaligen Landesbildstelle, der in den 1980er Jahren dafür gesorgt hat, dass diese Luftbilder aus dem zentralen Magazin in Koblenz an ihren angestammten Platz in Hamburg kommen. Sie liegen heute im Staatsarchiv, dem für die Bereitstellung zu danken ist.

St. Nikolai

Die erste Kirche der Hamburger Kaufleute

Im Bogen des Nikolai-Fleets, das die Elbe mit der Alster verbindet, machten im 12. Jahrhundert die ersten Schiffe fest. Auf der von einem Ringwall umgebenen Neuen Burg (heutiger Straßenname) war damals Platz für 50 Kaufmannsfamilien. Es gelang ihnen 1189, von Kaiser Friedrich Rotbart einen Freibrief zu besorgen, der ihnen freie Fahrt auf der Elbe zusicherte und fremde Herren auf Distanz halten sollte. Zweimal wurde der Kern der Kaufmannsstadt zerstört: 1842 durch den Großen Brand – beim Neuaufbau erhielt die Kirche den höchsten Turm der Stadt (1874 geweiht) und wurde der Hopfenmarkt zur größten Marktfläche der Stadt erweitert, den vor allem die Vierländerinnen belieferten. Und 1943 durch britische und US-amerikanische Bomber, die die Turmspitze als Orientierung nutzten, damit ihre Ladungen wie geplant in den dicht besiedelten Gebiete im Osten der Stadt ihr Zerstörungswerk anrichten konnten. Heute verläuft zu Füßen des einzig stehengebliebenen Kirchturms, der als Gedenkstätte dient, eine sechsspurige Durchgangsstraße. Links Rücken an Rücken Börse und Rathaus, rechts die Türme von St. Petri und St. Jacobi.

Mönckebergstraße

Eine Hauptschlagader des Verkehrs

Mit leichter Krümmung verbindet die Mönckebergstraße seit 1909 Hauptbahnhof und Rathaus. Alle Gebäude sind in den Jahren danach entstanden: Auf halber Strecke das Kaufhaus Karstadt mit einer imposanten Fassade aus zahlreichen Pfeilern (nach der Kriegszerstörung nur vereinfacht wieder aufgebaut). Gegenüber neben dem Chor der Petrikirche das Haus des Kunstgewerblers Georg Hulbe, das in seinem historisierenden Stil an vergangene Zeiten erinnern soll. Am Pferdemarkt (heute: Gerhart-Hauptmann-Platz) das Verwaltungsgebäude der Hamburgischen Electricitäts-Werke von 1928, links daneben halb verdeckt das Thalia-Theater, dessen Fassade von 1912 noch heute den Eingang schmückt. Zu Ehren des Namensgebers der Haupteinkaufsstraße, Bürgermeister Johann Georg Mönckeberg (1839-1908), ließ ein Kunstkomitee ein Denkmal errichten (rechts oben): ein zweigeschossiger tempelartiger Bau (eine der sieben Ausgabestellen für die Öffentliche Bücherhalle) sowie davor ein geschmückter Brunnen. Viel Verkehr ist nicht zu sehen: ein Auto, eine von 24 Straßenbahnlinien, schon gar nicht die untergründig geführte Hochbahn.

Steinstraße

Ein Fernhandelsweg als erste gepflasterte Straße Hamburgs

Vom Steintor (oben) ging es über die Steinstraße (Mitte) ins Zentrum der Stadt. 1921-1924 ließ sich der Karstadt-Konzern an der linken Straßenseite ein gewaltiges Gebäude für die zentrale Verwaltung seiner fast 150 Kaufhäuser errichten, mit einem aus sechs riesigen Säulen gebildeten pompösen Portal, die Front mit Sandstein vom Main verblendet, die Rückseite mit Oldenburger Klinkern; inzwischen ist das Finanzamt für Devisenbewirtschaftung eingezogen. Das Pastoratsgebäude von St. Jacobi steht fast im Schatten der Kirche. Rechts sind die Reste des altstädtischen Gängeviertels zu sehen, weitere Kontorhäuser sind dort geplant. Im Hintergrund von links nach rechts: Hauptbahnhof, Museum für Kunst und Gewerbe und Hauptpostamt am Hühnerposten mit direktem Bahnanschluss; wer seinen Brief am Abend abliefert, kann sicher sein, dass er am nächsten Tag in Berlin, Leipzig oder Düsseldorf ausgetragen wird. Der lange Schornstein (obere Bildmitte) gehört zu einer altertümlichen Wasch- und Badeanstalt, links daneben das gläserne Dach des im Krieg ausgebrannten Zoologischen Museums, berühmt wegen seiner Walskelette; das Gelände wird heute von einem Kauf- und einem Parkhaus eingenommen.

Sprinkenhof

Hamburgs größtes Kontorhaus

In den 1920er Jahren mussten die letzten Reste der aus dem 18. Jahrhundert stammenden Gängeviertel in der südlichen Altstadt dem Bau von Kontorhäusern weichen. Geplant worden war die Sanierung bald nach der Cholera-Epidemie 1892. Die Hoffnung der Bewohner, an dieser Stelle in neue Wohnungen einziehen zu können, erfüllte sich nicht – sie mussten nach Barmbek umziehen, wo für den Quadratmeter Grund und Boden nicht 1000 Reichsmark verlangt wurden. Oberbaudirektor Fritz Schumacher setzte die einheitliche Verkleidung der Stahlskelettbauten durch roten Klinker durch. Der Sprinkenhof, benannt nach dem Vorbesitzer des Geländes, erhielt 1927/28 eine westliche Ergänzung (im Bild zu erkennen) und später auch noch eine östliche. So war ausreichend Platz für die Verwaltung und Nutznießung des gesamten Grundbesitzes der Stadt. Links verbirgt der Schatten die Spitze des Chile-Hauses. Im Hintergrund sind die Jacobi-Kirche und das Karstadt-Verwaltungsbäude an der Steinstraße zu sehen.

St. Jacobi

Die Kirche der Pilger, der Fuhrleute, der Handwerker, der Bauern

Im 13. Jahrhundert errichtet ist St. Jacobis Mauerwerk aus dem 14. Jahrhundert im Inneren zu bewundern. Ursprünglich vor den Toren Hamburgs gelegen wurde das Kirchspiel im 15. Jahrhundert in den Mauerring einbezogen. Dazu gehörten (links oben) der Horsemarkt (auch Pferdemarkt, heute: Gerhart-Hauptman-Platz) und der Schweinemarkt beim Zoologischen Museum. Die eigenen Altäre der Fischer, der Maler, der Böttcher sind heute noch zu besichtigen. Auf der erhaltenen Arp-Schnitger-Orgel bewarb sich Johann Sebastian Bach mit einem Probespiel vergeblich um eine Organistenstelle; erst seinem zweiten Sohn Carl Philipp Emanuel gelang der Sprung an die Elbe. Der Turm stammt aus dem Jahre 1828 und wurde wie das Gewölbe im Juni 1944 nach einem Bombenangriff ein Opfer der Flammen. Hinter Jacobis Kirchhof ist gerade noch der Eingang zur U-Bahnstation Barkhof (heute Mönckebergstraße) zu erkennen, benannt nach dem sechsstöckigen Geschäfts- und Bürohaus zwischen Mönckeberg- und Spitalerstraße. Britische Bomben beschädigten das Kontor- und Geschäftshaus hinter der Kirche schwer; beim Wiederaufbau verzichtete man auf das hohe Dach und die Giebel. Die beiden Gebäude am rechten Rand wurden völlig zerstört.

Chilehaus

Das erste Kontorhaus im Sanierungsgebiet der südlichen Altstadt

Für den Salpeter-König Henry Sloman errichtete der Architekt Fritz Höger das Chilehaus 1922–1924, in der Inflationszeit wohl die sinnvollste Verwendung der bereits vorhandenen 4,8 Millionen roten Backsteine. Das Baugrundstück wurde bis zur letzten Spitze im Osten genutzt, wo ein 50 Meter hoher „Schiffsbug" symbolkräftig aufragt; sogar ein schmaler Durchgangsweg im alten Gängeviertel, die Fischertwiete, wurde überbaut. In Hintergrund sind noch zahlreiche Elendshütten zu sehen, die erst einige Jahre später völlig beseitigt wurden. Insgesamt 265 Firmen hatten im Chilehaus Räumlichkeiten gemietet. Gleich daneben war zur gleichen Zeit an der ehemaligen Marktfläche Messberg das Ballinhaus (heute Messberghof) entstanden, ein idealer Platz für alle, die über die Große Wandrahmsbrücke mit ihrem Uhrturm (im Vordergrund, 1960/62 abgerissen) auf kürzestem Wege durch die Zollkontrolle in den Freihafen wollten; früher mit einem Walm-, heute nur noch mit einem Flachdach versehen, aber immer noch mit sehenswerten Treppenhäusern.

Deichtormarkt

Der größte Marktplatz Hamburgs

In der äußersten Südostecke, wo einst das Deichtor stand, wurde 1911 der Großmarkt für Obst und Gemüse eröffnet: Täglich lieferten Bauern aus Schleswig-Holstein sowie den Vier- und Marschlanden mit der Bahn oder auf kleinen Schiffen ihre Produkte für die Millionen-Stadt ab. Täglich sammelten sich bereits in den Morgenstunden zwischen 3.30 bis 8.30 Uhr Kleinhändler und Höker an den mehr als 2000 Ständen, damit sie ihre Waren in den einzelnen Stadtteilen frisch anbieten konnten. Was nicht verkauft worden war, kam in den Keller unter den beiden durch Tunnel verbundenen Markthallen (Bildmitte, heute Ausstellungshallen). Sie waren den empfindlichen Obstsorten und Südfrüchten vorbehalten. Einen festen Bau erhielt 1913 auch die Blumenhalle (links oben). Gleich gegenüber ist in einer Grünanlage das Johanniskloster zu erkennen, ein Damenstift, das seinen Sitz mit dem Bau der Deichtorhallen nach Eppendorf verlegt hatte. Zur Zeit der Aufnahme ist dort das Statistische Landesamt untergebracht. Heute wird ein Großteil des Geländes von einem gigantischen ober- und unterirdischen Verkehrsknoten beherrscht, der die Autos von der ost-westlichen Durchgangsstraße links in den Wallringtunnel oder oben rechts über die Amsinckstraße (hinter dem Bahngelände) zur Autobahn lenkt.

Alsterdamm

Neubauten nach dem Großen Brand 1842

Aus dem Bauschutt war das östliche Ufer der Binnenalster zu einem Boulevard aufgeschüttet worden, mit seinen Alleen eher für Fußgänger als für Autofahrer geeignet. Von Martin Haller, dem Architekten des Rathauses, ließ sich Albert Ballin, der Generaldirektor der weltgrößten Reederei, der Hamburg-Amerika-Linie, um 1900 an prominenter Stelle auf fünf Grundstücken einen Verwaltungspalast mit Säulenportal errichten (unten links), der später umgebaut und erweitert wurde und auch einen neuen Eingang erhielt. Zur gleichen Zeit wie Ballin ließ sich Emil Kirdorf, der „Bismarck des Ruhrbergbaus", nur durch die Gertrudenstraße getrennt, einen Repräsentationsbau für das Rheinisch-Westfälische Kohlen-Syndikat errichten. Beim Wiederaufbau des niedergebrannten Quartiers bis zur Lilienstraße war das Straßennetz begradigt worden. Die Gertrudenstraße führt von der Bootsanlegestelle direkt zur Grünanlage des Gertrudenfriedhofs. Gut zu sehen sind auch die Doppeltürme der 1857 eingeweihten Reformierten Kirche an der Ferdinandstraße (im Krieg zerstört). Im Hintergrund der Hauptbahnhof und links der 1919 fertig gestellte Anbau der Kunsthalle.

Rathaus

Rücken an Rücken die geballte politische und wirtschaftliche Macht

In der Stadtmitte stehen das 1897 eingeweihte Rathaus (Ersatz für das alte 1842 beim Großen Brand zerstörte Rathaus an der Trostbrücke) und die 1841 eröffnete Börse (durch tapferen Einsatz vor den Flammen gerettet). Die beiden Aufnahmen trennen nur wenige Jahre: Bis 1930 beherrschte den Rathausmarkt (links) das 1903 enthüllte Reiterstandbild Kaiser Wilhelms I., dem Hamburg 15 Jahre nach seinem Tode Dank abstattete für den Erhalt der Freien und Hansestadt. Oberbaudirektor Fritz Schumacher versetzte es dann zum Justizforum (noch heute Standort), sowohl Platz schaffend für den wachsenden Verkehr wie auch in Erinnerung rufend, dass bei der Gestaltung Venedigs Markusplatz Pate gestanden hatte. An der halbrunden Treppenanlage zur Kleinen Alster (oben) wurde 1932 eine schlichte Stele zur Erinnerung an „Vierzigtausend Söhne der Stadt", die im Ersten Weltkrieg ihr Leben gelassen hatten, enthüllt, nur geschmückt mit einer trauernden Mutter-Kind-Gruppe von Ernst Barlach. Umgeben ist der Rathausmarkt von Geschäftshäusern sowie Zweigstellen von Großbanken, darunter der Reichsbank (rechts zwischen Alter Wall und Alsterfleet), dort auch weitere Bankhäuser. Nur noch der Name Große Johannisstraße (links am Rathaus vorbei als Verlängerung der Mönckebergstraße) erinnert daran, dass hier bis zum Großen Brand das Johannis-Kloster gestanden hatte. Das ebenso breite wie hohe Rathaus überstand den Krieg fast unbeschadet.

Börse

Das Herzstück der hamburgischen Wirtschaft

Dort, wo 600 Jahre zuvor Graf Adolph von Schauenburg das Maria-Magdalenen-Kloster begründet hatte, kamen ab Ende 1841 auf „heiligem Boden" in der ersten, der mittleren Halle Hamburger Kaufleute zusammen, um Geschäfte abzuschließen. Durch den Einsatz mutiger Börsianer bestand sie 1842 beim Großen Brand ihre Feuerprobe. Später wurden links und rechts zwei weitere Börsensäle angefügt. Um 13.45 Uhr öffnete die Börse ihre tempelartigen Tore: Von Galerien konnte man beobachten, wie es im linken Saal um Devisen- und Aktiengeschäfte ging und in den beiden anderen Sälen um Termingeschäfte; dabei wurde über die Preise der im Hafen erwarteten Importwaren wie Kaffee, Zucker, Baumwolle, Kautschuk entschieden. Tausende Kaufleute kamen hier zusammen. Ihnen standen im Keller hundert Telefonzellen zur Verfügung, um auf schnellstem Wege die Notierungen an anderen Börsen zu erfahren. Im Umkreis viele Banken zur Finanzierung der Geschäfte, u.a. eine Filiale der Deutschen Bank am Adolphsplatz (unten links). Ein Schmuckstück des Wiederaufbaus nach dem Großen Brand stellen die Alsterarkaden dar (links vom Rathausturm), von Anfang an dem Einkaufsbummel vorbehalten. Links davon ist der Turm der Alten Post zu erkennen, wo bis zur Gründung der Reichspost 1871 vier unterschiedliche Postverwaltungen untergebracht waren. Der Turm bildete den Endpunkt einer Kette von Optischen Telegraphen, die bei guter Sicht Schiffsmeldungen von Cuxhaven nach Hamburg übermittelten.

Jungfernstieg

Die beliebteste Promenade der jungen Leute trug früh den Spitznamen Jungfernstieg

Das Gebiet zwischen Neuem Wall (links) und Großen Bleichen (rechts nicht mehr zu sehen) war ein Opfer des Großen Brandes geworden. Gefragt waren nun Geschäftshäuser, die die bisherigen Bewohner verdrängten. Beherrscht wird die Front vom Kaufhaus Tietz (seit 1935: Alsterhaus), wie der Konkurrent Karstadt an der Mönckebergstraße 1910-12 entstanden, gleich neben der Dresdner Bank (rechts). Links neben dem Warenhaus der „unbegrenzten Möglichkeiten" sind zwei Schornsteine zu sehen: Sie gehören zu dem ersten, 1888 errichten Elektrizitätswerk. Erbaut wurde es im Gebäude der alten Stadtwassermühle, die die aufgestaute Alster für ihre Zwecke nutzte. Von hier aus wurde auch ein Fernheizwerk betrieben, dass u.a. das Rathaus über Rohrleitungen mit heißem Dampf versorgte. Hinter dem Turm der Alten Post findet sich der Hinweis auf ein Geschäft für das wichtigste Werkzeug des Kaufmanns, die Waage, in der Königstraße, die heute Poststraße heißt.

Alsterfleet

Durch zwei Wasserläufe fließt die Alster in die Elbe

Das Alsterfleet (rechts) schützte einst den Alten Wall, das Bleichenfleet (nur zu ahnen zwei Häuserblocks weiter links) den Neuen Wall. Zahlreiche Brücken verbinden die Alt- mit der Neustadt: Im Vordergrund die Heiliggeistbrücke (benannt nach dem ehemaligen Hospital rechts davon, wo seit 1912 die Oberfinanzdirektion residierte und nun ein 5-Sterne-Hotel eröffnet), dann Graskeller, Adolphs-, Schleusen- und Reesendammbrücke. Beherrschendes Gebäude ist das Stadthaus, das sogar das Bleichenfleet (am linken Rand mit Ellerntors- und Michaelisbrücke) überdeckt. Der Verwaltungskomplex ist seit 1888 über mehr als zwei Jahrzehnte hin gewachsen. Hier war die Baubehörde untergebracht wie auch das Einwohnermeldeamt; vor allem diente es der Stadtpolizei als Hauptquartier. Das Gebiet wurde im Krieg fast vollständig verwüstet, das Stadthaus schwer beschädigt und vereinfacht wiederhergestellt. Auf der Fleetinsel (am linken Rand) wurden die letzten von den Bomben gerissenen Baulücken der Innenstadt erst in den 1990er Jahren geschlossen.

Westufer der Binnenalster

Kreuzung von Neuer Jungfernstieg und Esplanade

Etwa zur gleichen Zeit um 1830 wurden die beiden Straßenzüge angelegt und bebaut, der Neue Jungfernstieg (vorne) aufgeschüttet, die Esplanade (rechts) mit einer vierreihigen Lindenallee bepflanzt. In dem markanten Gebäude mit Türmchen (Mitte) hatten die Deutsch-Amerikanische Petroleum-Gesellschaft DAPOLIN und die mit ihr verbundene Tankschiffreederei Waried ihren Sitz. 1937/38 mussten die vier Häuser zur rechten für einen massigen Erweiterungsbau mit hohem Eckturm weichen, bald nach dem neuen Firmennamen Essohaus benannt. Dahinter erstreckt sich zwischen Esplanade und Fehlandtstraße ein Kontorhaus, in dem fast hundert Firmen Platz finden. Schräg gegenüber an der Ecke zur Dammtorstraße steht das Esplanade-Hotel, seit 1906 eines der sechs First-Class-Häuser der Stadt, heute Spielcasino. Rechts nicht weit entfernt ein Münchner Hofbräuhaus. (Der dahinter liegende Dammtorbahnhof wird durch die Tragfläche verdeckt.) Die Reihe der einheitlichen Stadthäuser an der nördlichen Seite der Esplanade hatte den Krieg fast unbeschadet überstanden; trotzdem musste 1958-1964 mehr als die Hälfte u.a. drei Hochhäusern weichen, gedacht für einen britisch-amerikanischen Tabakkonzern und das befreundete Finnland. Das Gebäude vorne links am Beginn der Lombardsbrücke gehörte der Stadt und beherbergte u.a. das Institut für Mineralogie und Petrographie. Einen Hinweis verdient schließlich das Gebäude links neben dem später abgerissenen hellen Haus: Stadtwohnung mehrerer Hamburger Bankiers, später schlichtes Bürohaus für eine Versicherungsgesellschaft, deren Neubaupläne nicht umgesetzt wurden, seit 1970 Sitz des vornehmen Überseeklubs, der die Dach- und Fenstergeländer vergolden ließ.

Lombardsbrücke

Eine Brücke trennt die Binnen- von der Außenalster

Aus dem hölzernen Steg von 1621 wurde erst 1868 eine steinerne Fassung mit drei Durchlässen. Anlass war die Herstellung einer Eisenbahnverbindung zwischen Hamburg und Altona sowie einer Ringstraße um die Innenstadt herum. 1900 wurde die Lombardsbrücke für weitere Gleise der Vorortbahn von 32 auf 49 Meter verbreitert. Die Außenalster war ein Bade-, Ruder- und Segelparadies. In der Mitte sieht man auf einer künstlichen Insel die 1888 eröffnete Badeanstalt „Alsterlust" mit zwei Schwimmbecken und Kaffeehaus, links daneben das Bootshaus des Norddeutschen Regatta-Vereins, am anderen Ende der Brücke das Bootshaus des Ruder-Clubs Favorite Hammonia. (Alles verdrängt von der 1953 dem Verkehr übergebenden Neuen Lombardsbrücke, heute: Kennedy-Brücke.) In den 1920er Jahren holten die Segel- die Ruderboote zahlenmäßig ein, abgesehen von den Tausenden Kanus und Paddelbooten. Zu Füßen des Hotels Atlantic (links unten) eine Anlegestelle für Alsterdampfer: Sie machen ihrem Namen alle Ehre und sorgen für Ausflugs- und Personenverkehr: 1935 werden drei Millionen Fahrgäste gezählt, das sind allerdings nur etwa ein Prozent des gesamten öffentlichen Nahverkehrs. Nur schwach zu sehen sind links im Hintergrund das Hotel Vier Jahreszeiten und oben rechts der Dammtor-Bahnhof.

Holstenplatz

Ein Platz mit Kreisverkehr

Hier stand einst das Holstentor, das dem Platz und der Straße links den Namen gab. Sie ist Teil des Rings auf dem planierten Wall zwischen Millerntor und Dammtor; links oben sind Reste des Wallgrabens zu sehen. Am Rand der Innenstadt erhebt sich seit 1931 mit 13 Stockwerken ein „Wolkenkratzer“ als höchstes Kontorhaus der Stadt. Es gehört dem Deutschnationalen Handlungsgehilfen-Verband/DHV (einem Vorläufer der Angestellten-Gewerkschaft) zusammen mit seiner Versicherung Deutscher Ring; 1470 Fenster sorgen für reichlich Licht. Die Gebäude gegenüber dienen der Rechtspflege: Das um 1900 fertig gestellte Ziviljustizgebäude (davor das vom Rathausmarkt versetzte Reiterdenkmal Wilhelms I.) erhielt 1928 einen geschwungenen Erweiterungsbau; angeschnitten rechts oben das Hanseatische Oberlandesgericht, Oberinstanz für die drei Hansestädte; das Strafjustizgebäude mit angeschlossenem Untersuchungsgefängnis ist nicht mehr im Bild. Die Platzanlage, benannt nach dem 1909 verstorbenen ersten Präsidenten des Oberlandesgerichts, Ernst Friedrich Sieveking, wird bestimmt von einem Wasserbecken mit Springbrunnen und allegorischen Figuren. Als wichtige Zufahrtsstraße in die Innenstadt ist 1890 die Kaiser-Wilhelm-Straße geschaffen worden, mit zwei betürmten Häusern zur Begrüssung (nur das linke steht noch).

Musikhalle

Hamburg wollte in der Weltklasse mitspielen

Eine Klausel im Testament des Reeders Carl Laeisz und eine großzügige Draufgabe der Witwe ermöglichte 1904-08 den Bau eines barocken Konzerthauses, das nach den noblen Spendern Laeisz-Halle genannt wird. Die Anlage der beiden Säle ist gut zu erkennen: Vorn der große mit 1900, quer dahinter der kleine mit 600 Plätzen. Die Stiftung war mit der Auflage versehen, auch der „minderbemittelten Bevölkerung" den Besuch von sogenannten Volkskonzerten zu ermöglichen. Die F. Laeisz-Reederei war berühmt wegen ihrer schnellen Großsegler, die sich gegen die Konkurrenz der Dampfschiffe behaupteten und bis in die 1920er Jahre Salpeter aus Chile nach Hamburg brachten. Ab 1930 stieg man mit Kühlschiffen in den Bananenhandel ein. Der Holstenplatz vor der Musikhalle wurde 1934 nach dem langjährigen Dirigenten der Hamburger Philharmoniker Karl Muck (1859-1940) umbenannt und 1997 nach dem Hamburger Komponisten Johannes Brahms (1833-1897), dem 1862 die Leitung der Singakademie versagt worden war und der sich danach enttäuscht an Wien hielt. Links neben der Halle verläuft der Gorch-Fock-Wall, später zur mehrspurigen Straße ausgebaut; noch haben Fahrräder freie Fahrt. Am Gorch-Fock-Wall stehen mehrere repräsentative Staatsbauten, hinter der Musikhalle angefangen mit einem Versicherungsamt. Der Bau am Beginn der Kaiser-Wilhelm-Straße (rechts unten) wurde ein Opfer der Bomben.

Deutschlandhaus

Eine Großbaustelle an der Dammtorstraße

Zwischen Valentinskamp (links) und Drehbahn (rechts) mussten einige hundert Bewohner eines Gängeviertels weichen, damit hier ein weiteres Kontor- und Kaufhaus („Deutschlandhaus") mit Quick-Lunch-Restaurant und Elbschlossquelle entstehen konnte. Mit abgerundeten Ecken und einer Klinkerfassade soll es zu der nur wenige Jahre zuvor fertig gestellten Finanzbehörde am Gänsemarkt passen (links); bis zu 1500 Bauarbeiter waren Tag und Nacht beschäftigt; es kam zu zahlreichen Arbeitsunfällen. Als besondere Attraktion wird von der Berliner Filmproduktion Ufa im Innenhof ein Großkino geplant (Dachkonstruktion in der Mitte). Nach US-amerikanischem Vorbild sollte es mit mehr als 2650 Plätzen in 63 Reihen die größte Abspielstätte Europas werden, mit den „modernsten Mitteln" im Hinblick auf den erwarteten Siegeszug des Tonfilms ausgestattet. Zur Eröffnung am 21. Dezember 1929, zwei Monate nach Ausbruch der Weltwirtschaftskrise, wurde allerdings noch ein Stummfilm mit Orchesterbegleitung gezeigt: *Die weiße Hölle von Piz Palu*, u.a. mit Leni Riefenstahl und dem Weltkriegsflieger Ernst Udet. Links ist die Turmspitze der freikirchlichen Kapelle St. Anschar zu sehen, oben Mitte an der Drehbahn die Dächer von Sagebiels Etablissement mit riesigen Veranstaltungssälen (wie das Kino im Krieg zerstört, danach Parkhaus, heute Bürogebäude).

Seewarte

Ein italienisches Kastell auf einer Bastion

Seit 1881 beherrschte die Deutsche Seewarte die Zufahrt zum Hafen; sie wurde auf der ersten Bastion der ehemaligen Wallbefestigung errichtet und diente der Erforschung der Luft- und Wasserverhältnisse auf den Weltmeeren. Hier wurden die Wetterdaten von Land- und Seestationen gesammelt, von hier aus wurden die Vorhersagen ausgegeben, die Warnungen vor Stürmen und Hochwassern, hier wurden nautische Instrumente geprüft. Eine Gezeitenrechenmaschine ermittelte innerhalb von Stunden sämtliche Hoch- und Niedrigwasser eines Jahres für einen beliebigen Hafen. Die offenen Loggien auf den vier Ecktürmen dienten der Beobachtung des Himmels. (Seit 1953 steht auf dem Stintfang der schmucklose Flachbau einer Jugendherberge.) Auf der nächsten Bastion wurde 1906 zu Ehren des Reichsgründers Bismarck eine aus Findlingssteinen zusammengesetzte Statue enthüllt, die nach dem Roland-Vorbild Stadt und Reich schirmen soll. Die folgende Bastion wird vom Museum für hamburgische Geschichte eingenommen, wo zuvor die Sternwarte ihren Platz hatte. Die geschwungene Helgoländer Allee (links) wurde 1895 als neue Verbindung zwischen Stadt und Landungsbrücken angelegt und zeigt den Verlauf des alten Stadtgrabens. Am Ende links ist die Millerntorwache am alten Platz zu sehen. Die Brücke der Seewartenstraße ist vier Hamburger Seehelden gewidmet, das St. Pauli-Fährhaus (links unten) der erholsamen Entspannung. Dahinter verläuft die 1912 eröffnete Hochbahn mit der Haltestelle Landungsbrücken, die das Hafentor ersetzte.

St. Katharinen

Die Kirche der Schiffer direkt am Wasser

Der mittelalterliche Fußboden der Katharinenkirche war 1625 um viereinviertel Ellen erhöht worden, damit der Gottesdienst bei Hochwasser nicht unterbrochen werden musste. Der barocke Turm mit seinen drei Hauben, zwei Arkaden und einer vergoldeten Krone unter der Spitze ist 1658 vollendet worden, nachdem sein Vorgänger zehn Jahre zuvor bei einem Sturm umgestürzt war und das Kirchendach teilweise zerstört hatte. Ursprünglich erstreckte sich das Kirchspiel nicht nur über die Inseln Cremon (links) und Grimm (rechts), sondern bezog auch die Kaufmannssiedlung auf dem Grasbrook ein, die mit der Einrichtung des Freihafens und dem Bau der Speicherstadt aufgegeben wurde. Über den trennenden Zollkanal führt die Jungfernbrücke. Der Große Brand hat die Kirche sowie die umstehenden Alt-Hamburger Bürgerhäuser verschont, weil der Wind rechtzeitig gedreht hatte, der Bombenkrieg 1943 nicht. Die Ruine wurde in den 1950er Jahren wieder aufgebaut, der Turm rekonstruiert. Im Hintergrund ist die Neue Burg mit dem Fuß der Nikolaikirche zu sehen, zu erreichen über die Reimersbrücke (links oben).

St. Michaelis

Die jüngste, größte und am höchsten gelegene Hauptkirche Hamburgs

St. Michaelis ist als Wahrzeichen weithin sichtbar und bietet von der Rundarkade des Turms den besten Blick auf Stadt und Hafen. Erst nach Errichtung der Wallbefestigung zu Beginn des Dreißigjährigen Krieges wurde das große Kirchspiel besiedelt. Der erste Bau brannte 1750 nach einem Blitzschlag nieder, der zweite 1906 bei Lötarbeiten am Turm. Der Neubau aus Beton und Stahl hielt sich auf Wunsch der Bevölkerung an das Vorbild der beiden Barockarchitekten Ernst Sonnin und Johann Prey; im Inneren wurde ein Fahrstuhl für die Turmbesteiger zugelassen. Die Quartiere um den Prachtbau von St. Michaelis waren eher für arme Leute gedacht, für Hafenarbeiter, Seeleute, Gewerbetreibende, Höker; sogar ansonsten in Hamburg unerwünschte Juden waren zugelassen. Entsprechend bescheiden war die Bebauung der Gängeviertel. Bereits vor dem Wiederaufbau der Kirche war die südliche Neustadt weitgehend saniert worden. Das Viertel hinter dem Großneumarkt (rechts oben) musste bis in die 1930er Jahre warten. Während die Kirche den britischen Bomben weitgehend widerstehen konnte, blieb rundherum kaum ein Stein über dem anderen. Hamburgs Verkehrspolitiker waren schnell mit einem Plan zur Hand, auf den freigewordenen Flächen eine sechsspurige Ost-West-Straße durch das früher dicht besiedelte Gebiet zu schlagen.

Gängeviertel

Ein Elendsviertel der besonderen Art

Im Dreieck zwischen Kaiser-Wilhelm-Straße (rechts), der Wexstraße (Mitte) und den Kohlhöfen (vom Großneumarkt links bis zum Karl-Muck-Platz oben rechts) lebten mehr als 12.000 Menschen in engen Gassen ohne Sonne und Luft, ohne Fließendwasser und Elektrischlicht. Mitten drin zwei Schulen, eine Synagoge und ein Polizei-Asyl für Obdachlose („Pik As"). Geldmangel hat eine geplante Sanierung bis 1933 verhindert. Das nahegelegene Hauptquartier der Kommunistische Partei nutzte dieses letzte Gängeviertel als Nährboden, als Ausgangspunkt für Arbeitslosendemonstrationen und Hungermärsche, als Rekrutierungsfeld für die Fußsoldaten der Weltrevolution. Hier lieferten sich um 1930 Polizei und KPD schwere Schlachten mit Toten und Verletzten aufbeiden Seiten, hier brachten Razzien Waffen, Munition, „Schriften hochverräterischen Inhalts" und Falschgeld ans Licht. Nach der Machtübernahme durch die Nationalsozialisten wurde das Viertel abgerissen: Es entstanden im Heimatstil vierstöckige Wohnhäuser an großzügig angelegten Straßen, die nur noch mit ihren Namen an die Vergangenheit erinnern: Breiter Gang, Kornträgergang, Rademachergang. Im Krieg blieb dies Viertel weitgehend unversehrt, während rundherum fast alles zerstört wurde. Wo die Stadthausbrücke sich in Kaiser-Wilhelm-Straße (links) und Fuhlentwiete (rechts) teilt, ließ sich der Verleger Axel Springer 1955 ein Hochhaus bauen.

Zoologischer Garten

Eine Grünanlage ohne Lebewesen

Der 1863 nicht weit vom Dammtor (Bahnhof oben rechts) eröffnete Zoologische Garten musste 1930 seine Tiere verkaufen und die Pforten schließen; er war gegenüber dem Konkurrenten Hagenbeck ins Hintertreffen geraten. Zwischen Tiergartenstraße (links), Rentzelstraße und Jungiusstraße (rechts) gab es viele Tierhäuser, für Affen, Dickhäuter, Raubtiere, Bären, Antilopen, Vögel, Reptilien – schön anzuschauen, aber alle hinter Gittern, auch in der „Ruine" einer Eulenburg (ganz rechts); immerhin war das erste Meerwasseraquarium des Kontinents zu bewundern. Das Veranstaltungshaus mit Konzertplatz und Restaurant (links an den Bahngleisen) wurde nach dem ersten Förderer Ernst-Merck-Halle genannt; an schönen Sommerabenden fanden hier prachtvolle Feuerwerke statt. Das Gelände wurde 1934/35 (unter Einbeziehung der alten Begräbnisplätze (oben rechts) zur dauerhaften Gartenschau *Planten un Blomen* umgestaltet, wobei der große Teich im Sommer für Wasserspiele und im Winter als Kunsteisbahn nutzbar gemacht wurde. Hinter der Ernst-Merck-Halle sind jenseits der Bahngleise das Wilhelmgymnasium (heute Staats- und Universitätsbibliothek), rechts daneben das Haus der Freimaurer-Logen sowie etwas weiter das Vorlesungsgebäude der Universität zu erkennen. Die Gebäude im Vordergrund gehörten zur Zollvereinsniederlage, Lagerräume, die mit der Eröffnung des Freihafens ihre Funktion verloren hatten; geplant war ein neuer Schweineschlachthof. Links davon das frühere Central-Hotel, wo später die Wohlfahrtsbehörde und andere Einrichtungen einzogen und sich heute der Fernsehturm erhebt.

Universität

Ein Kuppelbau „der Forschung, der Lehre, der Bildung" geweiht

Er war 1909-11 als Vorlesungsgebäude geplant und gebaut worden, mit zwei Auditorien übereinander unter der Kuppel und zehn weiteren Hörsälen; bis zu 3000 Zuhörer konnten gleichzeitig den wissenschaftlichen Vorträgen folgen. Links und rechts waren bereits damals Flügelbauten vorgesehen. Als erstes richtete sich das 1908 in Hamburg gegründete Kolonialinstitut in den Räumlichkeiten ein. Da das Deutsche Reich nach dem Ersten Weltkrieg sein Kolonialreich aufgeben musste, war Platz für eine Universität, ein Lieblingsprojekt von Bürgermeister Werner von Melle: Im Mai 1919 wurde sie eröffnet. Drei Jahre später wurde vor dem östlichen Flügel das Denkmal des ehemaligen Gouverneurs von Deutsch-Ostafrika, Hermann von Wissmann, aufgestellt, um die „Erinnerung an das Verlorene wach zu halten". (Zuvor hatte es in Daressalam, heute Tansanias Regierungssitz, gestanden; bilderstürmende Studenten haben es 1968 vom Sockel gezerrt.) Die Straße neben den Gleisen heißt nach dem Stifter des Gebäudes Edmund-Siemers-Allee. Links im Hintergrund der 1909 fertig gestellte Tempelbau der Freimaurer-Provinzialloge Niedersachsen an der Moorweidenstraße, rechts die Rothenbaumchaussee mit Mietshäusern, wo sich jetzt ein Hotelkomplex erhebt.

ALKAZAR

AK St. Georg

Benannt nach dem Heiligen Ritter mit dem roten Kreuz

Er stand Pate für das erste Allgemeine Krankenhaus Hamburgs in St. Georg. Nachdem die französische Besatzung 1813 die Vorstadt niedergebrannt und der Wiederaufbau begonnen hatte, konnte das Krankenhaus 1823 bezogen werden, 600 Jahre nach der Gründung eines Hospitals mit Siechen- und Armenhaus vor den Toren der Stadt. Das erste Gebäude erstreckte sich über 220 Meter zwischen Barcastraße und Lübecker Tor mit 100 Meter breiten Flügeln – gedacht für insgesamt 1000 Patienten, die von 100 Krankenwärtern versorgt wurden; umgeben war das Krankenhaus von einem großen Garten. Um 1900 wurde die 345 Meter lange Front in fünf Gebäude aufgeteilt, in der Mitte die Verwaltung, links und rechts getrennt davon weibliche und männliche Geschlechtskranke. Außerdem wurden neben dem Operationshaus zahlreiche Pavillons für die chirurgischen Fälle errichtet; in der Mitte die Wasch- und die Kochküche, dahinter ein Kesselhaus mit zwei Schornsteinen, daneben ein Röntgenhaus, zur Sechslingspforte ein Schwesternhaus; am rechten Rand drei Häuser für Infektionskranke. Die zahlreichen Neubauten nach dem Zweiten Weltkrieg lassen die alte Struktur kaum noch erkennen.

Hammerbrook

Vom Weide- und Gemüseland zur Fabrik- und Arbeitervorstadt

Das südliche St. Georg war eine Marschniederung, etwa einen Meter über Normalnull der Elbe, der von vielen Wassergräben durchgezogene Hammerbrook. Geschützt wurde das Gelände durch Deiche und einen Festungswall, heute: Heidenkampsweg, mit einen Graben, heute: Hochwasserbassin (oben). Bereits in den 1860er Jahren wurde das Gelände zwischen Amsinckstraße, Spaldingsstraße und Heidenkampsweg zur Bebauung vorbereitet: Aufschüttung auf zwei Meter über Normalnull, Entwässerung durch 20 Meter breite Kanäle, Anlegung eines rechtwinkligen Straßennetzes, u.a. die Wendenstraße (von links nach rechts). Schnell nutzten findige Unternehmer die verkehrsgünstige Lage für die Errichtung von Fabriken (etwa Johann Joachim Darbovens Kaffeerösterei oder Carl Lipmanns Darmgroßhandel) und den Bau von Mietskasernen: In den fünfgeschossigen Blocks und den dreigeschossigen Hinterhäusern lebten dicht gedrängt Arbeiter, Angestellte, Handwerker, Kleinhändler, Kutscher, Kellner, Postboten, Laternenwärter, Näherinnen. Ein ideales Zielgebiet für die britischen Luftkriegsstrategen, die hier Ende Juli 1943 einen Feuersturm auslösten und den Stadtteil fast vollständig vernichteten. Erst in den 1990er Jahren wurde damit begonnen, die Brache mit Bürohäusern als City Süd wieder attraktiv zu machen. Statt früher 40.000 leben heute hier nur noch 1400 Menschen.

Am Bille-Bogen

Wohnen und Arbeiten im Gedränge

Zu Füßen des bürgerlichen Nordborgfelde liegt das proletarische Südborgfelde direkt an der Bille. Es ist wie das benachbarte Hammerbrook (links) ein aufgeschüttetes Marschgebiet, dicht bestückt mit Wohnblocks und Fabriken. Links an der Campestraße mit zwei Schornsteinen ein um 1900 errichtetes Kohlekraftwerk der HEW zur Versorgung des Stadtteils und des Hafens mit elektrischem Strom. Im Vordergrund eine Kaffeerösterei von Franz Kathreiners Nachfolgern, die sich auf Malzkaffee spezialisiert hatten. An der Uferseite des Billhorner Steindamms liegen eine Zweigstelle der Deutsch-Amerikanischen Petroleum-Gesellschaft und ein Sägewerk. In den sechsgeschossigen Mietshäusern leben hunderte Familien, für deren Kinder die beiden Volksschulen (obere Mitte) gedacht sind. Wie Hammerbrook ist dieses Viertel im Bombenkrieg untergegangen. In der Trümmerwüste ging es nach dem Krieg nur dort lebendig zu, wo der Ausschläger Weg den Südkanal quert (oben): Hier war für die Hamburger jahrzehntelang die einzige Stelle, ihre Autos zuzulassen. Wohngebäude sind nicht mehr zu finden. Das unversehrte Kraftwerk soll nach Umbauten als „Raum für Stadtpioniere“ genutzt werden.

Hachmannplatz

Eine Allee zur Kirche

Das vor der Stadt gelegene Hospital St. Georg (Turmfuß oben rechts) hatte der alten Vorstadt den Namen gegeben. Wer den 1906 eröffneten Hauptbahnhof (links) nach Osten verließ, konnte entweder in eine der zahlreichen schwarzen Kraftdroschken auf dem Hachmannplatz einsteigen oder sich auf der anderen Straßenseite in einem der vielen Hotels mit klingenden Namen beherbergen lassen: Reichshof (mit 450 Zimmern, Restaurant und Parkhaus), Continental (davor das Dach des Deutschen Schauspielhauses), Europa, Kronprinz (alle Zimmer mit fließend Wasser), Fürst Bismarck oder Graf Moltke am Steindamm (vorne rechts). Auch das breite Bieberhaus (im Hintergrund) war 1910 zunächst als Hotel geplant, wurde dann aber als Büro- und Geschäftshaus genutzt (heute u.a. Ohnsorg-Theater). Dominiert wird der Steintorplatz im Vordergrund seit 1926 vom ersten Hochhaus der Stadt: Ernst Klockmann („Deutschlands größtes und führendes Spezialhaus für feine Lederwaren, Koffer und Reiseartikel") hatte das Savoy-Hotel verdrängt, es innen völlig umgebaut sowie um drei Geschosse aufgestockt und hat den Reisenden seitdem alle Wünsche erfüllt.

Hotel Atlantic

Ein Nobel-Haus an der Außenalster

Eine Berliner Hotelgesellschaft eröffnete 1909 an der Außenalster das Atlantic-Hotel mit 250 Zimmern, Sommer- und Wintergärten, einem Festsaal sowie einem Restaurant. Das mächtige Geviert war kein Prunkbau, zeigte aber viel Pracht außen und innen sowie höchsten Komfort. Vor allem die First-Class-Passagiere der Hapag-Kreuzfahrtschiffe sollten hier bei An- und Abreise eine angemessene Unterkunft finden. Wer über den Holzdamm die wenigen Schritte zum Hauptbahnhof macht, kommt gleich nach dem Hotel am Gebäude der Klosterschule St. Johannis vorbei. Im Hintergrund ist inmitten dichter Bebauung St. Georgs Dreieinigkeitskirche zu erkennen, im Krieg von Bomben zerstört; der Turm wurde in barockem Gewand wieder aufgebaut, der Kirchenraum musste sich mit Beton und Stahl begnügen.

St. Pauli-Landungsbrücken

Zu Füßen des Hamburger Bergs

Zu sehen sind die drei westlichen von insgesamt neun Zugängen, die 1911 gleichzeitig mit dem Elbtunnel (von Kuppel gekrönter Eingangsschacht rechts) fertig gestellt wurden. Gedacht waren sie nicht für die großen Linienschiffe, sondern für Hafenfähren, Barkassen, Schlepper, Ausflugsdampfer und Seebäderschiffe. Auf der hohen Geestkante stehen zwei ebenfalls zu Beginn des 20. Jahrhunderts gebaute Einrichtungen: Das Institut für Schiffs- und Tropenkrankheiten (Mitte) unter der Leitung von Bernhard Nocht mit Forschungs- und Krankenabteilung (links ein Stallgebäude für Versuchstiere, heute Neubau für Labore); weiter rechts die bereits 1749 gegründete Navigationsschule für Schiffer auf großer und kleiner Fahrt, heute Seewetteramt. Rechts daneben Wiezels Hotel mit Restaurant, Veranda, Garten und dem besten Blick auf den Hafen. Im Hintergrund sind zu erkennen der Rundbau von Zirkus Busch, das Konzerthaus Trichter, die Volksoper sowie das unbebaute Heiligengeistfeld, ursprünglich Weideland des Hospitals zum Heiligen Geist, dann Glacis der Wallanlagen, Exerzierplatz, Gelände für Aufmärsche, Ausstellungen, Volksfeste („Dom"); am Rande (links oben) der Rindermarkt des Schlachthofs. Die Silhouette wird heute beherrscht von drei bis zu 20-stöckigen Hochhäusern auf dem Gelände der ehemaligen Bavaria- St. Pauli-Brauerei („Astra") an der Hopfenstraße.

Reeperbahn

Eine lange und schnurgerade Strecke, um Schiffstaue und -seile zu drehen

Die breite Reeperbahn verbindet Hamburgs Millerntor (oben) mit Altonas Nobistor (unten nicht mehr im Bild), die eigentliche Arbeit wurde aber bis 1880 links davon in der Seilerstraße verrichtet. Diese Vorstadt, benannt nach der St. Paulus-Kirche auf dem Hamburger Berg, wurde 1813 von der napoleonischen Besatzungsmacht niedergebrannt und danach mit Etagenwohnhäusern in einem rechtwinkligen Straßennetz wieder aufgebaut (linke Hälfte). Die rechte Seite („Spielbudenplatz") war eher den Vergnügungen gewidmet, wo Seeleute ihre Sehnsucht nach Abwechslung vom Einerlei des Lebens auf den Schiffen und ihre Heuer zerstreuen konnten. Je schneller der Hafen wurde, desto mehr entwickelten sich aus den einfachen Kneipen und Tingeltangeln großstädtische Unterhaltungsstätten. Begrüßt wurde man gleich zu Beginn vom Trichter (oben rechts), wo neben Speisen, Bier und Kaffee auch Konzerte und Varieté geboten wurden; davor das Neue Operetten-Theater, unter gleicher Leitung wie gegenüber die Volksoper mit dem Dauerbrenner „Bei uns um den Michel rum" von Friedrich Holländer. Wenige Schritte entfernt der Rundbau von Zirkus Busch. Ein Vergnügungslokal reiht sich an das andere bis zum Ende des Spielbudenplatzes, wo das Ernst-Drucker-Theater (seit 1941: St.-Pauli-Theater) plattdeutsche Volksstücke und Possen spielte; an der Straßenecke die 1913/14 gebaute Davidwache. Nicht zu zählen sind die Bierpaläste, Weinstuben, Kaffeehäuser, Bars links und rechts sowie in den Nebenstraßen, ein Tummelplatz, wo Fremde und Hamburger jeden Standes und Geschlechts einträchtig zusammenfanden. Links oben eine Ecke des Heiligengeistfeldes mit Sportplätzen und der Halle des St. Pauli Turnvereins.

Schlachthof

Die Versorgung der Millionenstadt

Das kulturhistorische Denkmal der Windmühle am nördlichen Rand des Heiligengeistfeldes steht im Kontrast zum zentralen Vieh- und Schlachthof zwischen Neuem Kamp und dem Bahnhof Sternschanze. Die riesige Anlage von 1888 diente sowohl dem Auftrieb von Schweinen, Rindern, Kälbern, Schafen und Pferden (meist per Bahn aus Schleswig-Holstein) wie auch dem Schlachten und Ausnehmen der Tiere. Einmal die Woche fand der Rindermarkt in einer Halle (links angeschnitten, heute Kaufhalle mit Parkdeck) statt, die verkauften Tiere wurden durch einen Tunnel in die langgestreckte Halle getrieben und dort geschlachtet. Schweine wurden täglich verkauft und in weiter nördlich gelegenen Hallen geschlachtet. Es lief wie am Fließband: mit einem Stromschlag sekundenschnell töten, ausbluten lassen, in heißem Wasser reinigen und ausweiden, in zwei Hälften teilen und kunstgerecht zerlegen; schließlich der Fleischbeschauer, der den verbilligten Verkauf von bedingt tauglichem Fleisch auf der Freibank mit der Auflage zulassen konnte, es vor dem Verzehr zu kochen. Jeder Hamburger hatte in der Woche im Schnitt ein Kilo Fleisch auf dem Teller. Im Schanzenviertel siedelten sich zahlreiche Zulieferer des Schlachthofs an. Rechts neben der Mühle ist ein niedliches Häuschen zu sehen, der Zugang zur Haltestelle Feldstraße der Hochbahn.

Außenalster

Baden in der Alster

Um 1900 kein Problem und auch nicht gefährlich, denn vor der Bucht, in der die Alsterschwäne früher ihr Winterquartier bezogen („Schwanenwik"), waren zum Schutz vor Sportbooten und Alsterdampfern durch Planken Bassins abgegrenzt worden, in der Mitte für Männer, links und rechts für Frauen, davor noch ein richtiges Schwimmbassin, zum Land durch Bäume und Gebüsch vor neugierigen Blicken gesichert. Die Badenden konnten das Alsterwasser (auch an den Kiosken) genießen, anders als heute, wo die Umweltbehörde abrät: nicht gesundheitsgefährend, aber zu unhygienisch. Bis zum Beginn des Zweiten Weltkriegs war hier eine beliebte Stätte des Schwimmsports. Gleich daneben mündet der Mundsburger Kanal, der über den Eilbeker Kanal von der sauberen Wandse gespeist wird: Seit 1900 überließ Wandsbek seine Abwässer Hamburger Sielen. Der Kanal trennt Hohenfelde (rechts) von Uhlenhorst (links). Zwei Brücken verbinden die beiden Stadtteile, wo kräftig in gutbürgerliche Etagenwohnhäuser investiert wurde. Der Mundsburger Damm (oben Mitte) führt über die Hamburger Straße nach Barmbek. An der Kanalmündung links ist noch eine Anlegestelle für Alsterdampfer zu sehen.

Mundsburg

Eine Großbaustelle bei der Hochbahn-Haltestelle

Hier begannen 1930 die Arbeiten für einen Wohnblock („Mundsburghaus") mit einem Stadtteilkino des Ufa-Konzerns im Kellergeschoss (heute: Ernst Deutsch Theater). Der Mundsburger Damm (links) führt auf eine Kreuzung, von der links der Winterhuder Weg abgeht (heute von drei Wolkenkratzern mit 26 Stockwerken beherrscht) und von der es rechts zum Lerchenfeld geht: Hinter der Unterführung liegt das Hammonia-Bad, wo man Wasserkuren und Massagen bekommen wie Wannen- oder Brausebäder nehmen konnte. (Rechts daneben nicht mehr zu sehen die Mädchen-Oberrealschule am Lerchenfeld, die ab 1925 Abitur abnahm.) Im Umfeld sind zahlreiche Wohlfahrtseinrichtungen untergebracht: Die Frauenklinik und das Versorgungsheim (vor 1919: Werk- und Armenhaus) mit 1700 Bettplätzen (beide nicht im Bild) sowie das Waisenhaus, dessen 1906 errichteter und erhalten gebliebener Verwaltungsbau links oben zu sehen ist. Wo der Mundsburger Damm in die Hamburger Straße übergeht, hat der Bombenkrieg ganz besonders gewütet. Vom ausgebrannten Wohnblock konnte nur das Kino seinen Betrieb fortsetzen. Nach der Trümmerräumung ist alles neu bebaut worden, nur nicht der schmale Streifen zur Straße rechts davon, der Oberaltenallee: Er blieb eine grüne Fläche inmitten einer achtspurigen Ausfallstraße. Am Rand der Hamburger Straße ist um 1970 ein Einkaufszentrum mit Parkhäusern und Bürotürmen in den Himmel gewachsen.

Rauhes Haus

Ein Rettungsdorf für sittlich gefährdete Knaben

Hundert Jahre nach seiner Gründung sieht sich das Rauhe Haus in Horn von hohen Mietshäusern umzingelt. Früher hatten begüterte Hamburger hier ihre großen Landsitze; einer von ihnen, Karl Sieveking, überließ 1833 dem 25-jährigen Theologiestudenten Johann Hinrich Wichern am östlichen Rand seines Mustergutes Hammer Hof ein Stückchen Land und eine Fachwerkkate, damit er verwahrlosten Kindern den rechten Weg weise. Zunächst waren es nur Jungen, später auch Mädchen, die unter Leitung eines Diakons „Familien" bildeten und zur Arbeit erzogen wurden; meist waren es Handwerkertätigkeiten, dazu kam das Drucken und Binden von Schriften für die Innere Mission. Im Mittelpunkt des Geländes zwischen dem Horner Weg (unten Mitte nach rechts oben) und beim Rauhen Hause stand das Bethaus mit kleinem Türmchen, gegenüber die alte Kate (Bildmitte). 1874 kam ein würdiges Schulgebäude hinzu (linke Mitte: „Paulinum"), die Keimzelle der heutigen Wichernschule, deren neuen Gebäude jetzt den Platz am rechten oberen Rand einnehmen. Am Horner Weg hat die Baugenossenschaft für kinderreiche Familien ein langes und hohes Gebäude errichtet (unten rechts). Ein Großteil von Horn wurde im Bombenkrieg zerstört, auch die alte Kate, die jedoch wieder aufgebaut wurde. Auf den freigewordenen Flächen wie schon zuvor im Marschgelände zur Bille hin (links) siedelten sich zu Hunderten selbstversorgende Kleingärtner an.

Barmbecks Kaufhaus

Ausverkauf bei Karstadt an der Hamburger Straße

Das 1928 eröffnete Einkaufsparadies für den dicht besiedelten Stadtteil Barmbek litt unter der Wirtschaftskrise und der steigenden Zahl von Arbeitslosen, nachdem es die vielen kleinen Ladenbesitzer an der traditionellen Einkaufsstraße bereits in Bedrängnis gebracht hatte. Auch die Tische des Dachgartens, wo eine Tanzkapelle zarte Weisen erklingen ließ, war nicht voll besetzt. In wenigen Nachtstunden wurde das gesamte Gebiet Ende Juli 1943 ein Opfer der britischen Spreng- und Brandbomben; mehrere Treffer ließen das Kaufhaus lichterloh brennen und zusammenstürzen; dabei erstickten mehrere hundert Schutzsuchende im Keller. Es ist das vom Flächenbombardement am meisten betroffene Viertel der Stadt. Der Wiederaufbau hielt sich an das alte Straßennetz und begnügte sich mit einfachen Zeilenbauten. Der Mittelstreifen zur Obenaltenallee (unten) blieb frei.

Dampfbäckerei

Eine Fabrik in Barmbek umringt von dreistöckigen Hinterhäusern

Hier hausten Arbeiter, Handwerker, kleine Angestellte, Witwen in winzigen Wohnungen. Inmitten die Dampfbäckerei Otto Kloss an der Hamburger Straße, nicht weit vom Markt und von der Hochbahn-Haltestelle Dehnhaide; sie belieferte 23 Filialen in Hamburg. Die Umrüstung auf das Dampfbackverfahren, bei dem Back- und Heizkammer getrennt wurden, war um 1900 erfolgt: Es entstanden Großbäckereien, die für eine gleichbleibende Qualität des Brotes sorgten. Im Zweiten Weltkrieg wurde das Gebäude schwer beschädigt, wurden 20 Filialen ausgebombt. Nach dem Wiederaufbau musste die Brotfabrik jedoch 1955 schließen, nicht zuletzt bedrängt von Riesenbäckereien mit Fließbandtechnik. Heute braust dichter Verkehr durch die verbreiterte Straße, die Bramfeld und Steilshoop mit der Innenstadt verbindet.

Uhlenhorster Fährhaus

Eine Ruderregatta auf der Außenalster

Beim Uhlenhorster Fährhaus an der begehrten Adresse Schöne Aussicht (rechts) und bei der Bucht des Langen Zuges, der Mündung des Osterbekkanals, liegt das abgegrenzte Ziel. Veranstalter ist der Norddeutsche Regatta-Verein; aus Hamburg stellen mehrere Rudervereine Boote, darunter der Germania-Ruderklub, der sein Bootshaus gleich links neben dem Fährhaus hat. Seit 1844 werden auf der Alster Regatten mit der Ziellinie vor dem Fährhaus durchgeführt. Auch internationale Amateur-Regatten fanden hier statt. Rechts ist eine Anlegestelle der Alsterdampfer zu erkennen, links daneben ein schmaler Steg für die Fähre, die gerade auf dem Weg zum gegenüberliegenden Ufer von Harvestehude ist. Das Fährhaus wurde im Bombenkrieg schwer beschädigt und 1952 endgültig abgerissen. Auch die Alsterfähre hat ihren Betrieb eingestellt, aber Ruderregatten finden noch statt.

Rondeel

Ein Rundling um einen Teich

Hier konnte Winterhudes Großgrundbesitzer Adolph Sierich die exklusivsten Baugrundstücke im Dreieck der nach ihm und nach seiner ersten Frau Marie-Louise benannten Straßen anbieten. Am Rondeel entstanden ein großbürgerliches Palais nach dem anderen, insgesamt etwa 20, durch dichten Baumbestand vor zudringlichen Blicken geschützt und nur vom Wasser einsehbar. Hier hatte in kaiserlichen Zeiten die preußische Gesandtschaft ihren Sitz (oben Mitte), hier residierte auch der ehemalige Bürgermeister Werner von Melle (vorne an der Abzweigung zur Blumenstraße). Die Exklusivität wurde in den 1970er Jahren durch eine Gruppe von aufstrebenden Spaßmachern gestört, die sich als Wohngemeinschaft eine Villa gemietet hatten; auch später gab es das eine oder andere Skandal-Haus. Die Villen haben den Krieg unversehrt überstanden, viele aber nicht das Gewinnstreben ihrer Besitzer.

Goldbekkanal

Landgewinnung durch Kanäle und Aufhöhungen

Ende des 19. Jahrhunderts wurde Südwinterhude für die Bebauung hergerichtet: Der Goldbekkanal (von links nach rechts unten) verbindet den Rondeelkanal mit dem Stadtparksee; die Straßennamen Moorfuhrtweg und Poßmoorweg (Mitte rechts) deuten auf das zuvor sumpfige Gelände hin. Es entstanden zahlreiche Wohnhäuser (u.a. an der Dorotheenstraße im Hintergrund), es siedelten sich zahlreiche Betriebe an, die die Wasserwege für den Transport ihrer Waren nutzten, u.a. den Mühlenkampkanal in der Mitte, dessen nördlicher Teil inzwischen zugeschüttet worden ist. Es gab hier ein Asbest- und Gummiwerk, eine Eisengießerei, Tischlereien, ein Chemisches Reinigungswerk, Bootswerften, Lagerhäuser wie auch eine Filiale des Automobilhändlers Ernst Dello; links im Bild ist die Fabrik Rieck&Melzian für Blechbearbeitungsmaschinen zu sehen, ganz in der Nähe ein Kinderspielplatz. In dem Fabrikkomplex auf der gegenüberliegenden Seite des Goldbekkanals wurden Desinfektionsmittel produziert, u.a. die weltbekannten Marken Lysol und Sagrotan. Der Betrieb, vom Krieg kaum betroffen, wurde 1963 verlegt und das Verwaltungsgebäude 1981 in ein Kulturhaus verwandelt.

Winterhuder Marktplatz

Vom autofreien Platz zum Verkehrsknoten

Einen Marktplatz hatte das Dorf Winterhude nicht, trotzdem erhielt die Kreuzung, wo Barmbeker, Ohlsdorfer (links) und Hudtwalker Straße (unten) aufeinandertreffen, diese Bezeichnung. Ein idealer Ort, sagte sich der Immobilienmakler Richard Kolzen, dort eine Großgarage mit Tankstelle zu eröffnen. Ihm gehörte auch das benachbarte mehrstöckige Wohnhaus mit Ladengeschäft: Hier bot ein „Großunternehmen auf genossenschaftlicher Grundlage" seine Waren an, das sich in Hamburg nicht Konsum, sondern Produktion nannte. Aus gutem Grund: In Hamburg stand nicht nur die Hauptverwaltung der Großeinkaufsgenossenschaft, sondern auch eine Großzahl ihrer Betriebe. Nicht dazu gehörten allerdings die Likörfabrik und die Meierei an der Ulmenstraße (links oben). Hinter den Straßenfronten gab es Hinterhöfe mit kleinen und günstigen Wohnungen. Heute zwängt sich dichter Verkehr über den einst beschaulichen Platz.

Winterhuder Fährhaus

Kein Fährhaus, sondern ein Ausflugslokal

Wo die Hudtwalckerbrücke Winterhude (rechts) mit Eppendorf (links) verbindet, erinnert nur noch die Anlegestelle für Alsterdampfer an den alten Fährbetrieb: Von hier gelangt man zum „Fährhaus" gegenüber mit Restaurant, einem großen Ballsaal, einem Biergarten und einem Kaffeegarten direkt an der kanalisierten Alster. Weiter aufwärts nutzen Schuten einen Landungsplatz, um Baumaterialien für die Errichtung von Wohnhäusern am Winterhuder Quai auszuladen: Einige Doppelhäuser mit dunklen Klinkergiebeln stehen bereits, weitere sind geplant. In der Mitte verläuft die Bebelallee, daneben die Hochbahn mit der Haltestelle Lattenkamp. Dahinter sind die Wohnblöcke der Alsterdorfer Straße zu sehen. Wo sich die Alster weiter zum Ohlsdorfer Friedhof schlängelt, liegt eine große Freibadanlage. Auf der anderen Seite der Alster steht die St. Johanniskirche mit einem Feldstein-Turm aus dem 12. Jahrhundert, daneben das Pastorat und gegenüber das gerade fertig gestellte Gemeindehaus, heute ein Lustspielhaus. Das im Krieg unversehrt gebliebene Fährhaus verkam, wurde 1977 durch Brandstiftung eingeäschert und anschließend planiert; ein Neubau der späten 1980er Jahre beherbergt ein Komödientheater mit angeschlossener Restauration.

Stadtparksee

Die größte öffentliche Grünanlage Hamburgs

Wo einst der Großgrundbesitzer Adolph Sierich sein Jagdrevier hatte, entstand ab 1910 ein Park, der allen Geschmäckern etwas bieten und zugleich den dicht besiedelten Stadtteil Barmbek mit frischen Winden aus dem Westen belüften sollte. An der tiefsten Stelle am östlichen Ende liegt das Oval eines Sees mit rechtwinkliger Erweiterung, die von einer großen Stadthalle umarmt wurde, die mehr als 10.000 Gästen drinnen und draußen Platz bot (im Krieg zerstört wie auch das Parkcafé beim Geviert der Rosengärten). Hier herrscht eine strenge Gartenarchitektur: Es gibt ein Rondell mit Pinguinbrunnen, Gärten von Hecken umrahmt, mit Tulpen, Dahlien, Rhododendren, aber auch Spiel- wie Tennisplätze; an vielen Stellen sind Skulpturen aufgestellt. Seine besondere Wirkung erzielte der vom Oberbaudirektor Fritz Schumacher geplante Stadtpark jedoch durch eine riesige Festwiese. Im Hintergrund sind links der Güterbahnhof Barmbek und in der Mitte das Kraftwerk der Hochbahn zu sehen.

Planetarium

Ein Wasserturm an der höchsten Stelle des Stadtparks

Die Aussichtsplattform in 42 Meter Höhe bietet einen wunderbaren Blick über die große Wiese bis hin zum See mit der Stadtparkhalle. Für Gestaltung des Turms wie für den gesamten Park war ab 1909 Oberbaudirektor Fritz Schumacher verantwortlich: Er ließ einen Säulengang umlaufen, krönte den Zylinder mit einer Haube, sorgte für eine Verblendung mit rotem Backstein und verlieh der abgeflachten Schauseite mit Bögen und Nischen etwas Weihevolles. Die Brunnenanlage davor füllte sich über Kaskaden mit Wasser. Der Turm wurde 1924 keine zehn Jahre nach der Fertigstellung stillgelegt und 1929 zu einem Planetarium umgebaut: Ab dem 30. April 1930 waren auf einer Projektionskuppel die Bewegungen der Himmelsgestirne zu beobachten. Die gleich nach dem Ersten Weltkrieg hinter dem Turm angelegte Wettkampfbahn wurde wie die große Wiese sowohl für sportliche wie auch für politische Kämpfe genutzt. Hier demonstrierten Sozialdemokraten zu Zehntausenden am 1. Mai 1932 für den Erhalt der Demokratie, hier feierten Nationalsozialisten zu Hunderttausenden ein Jahr später die Errichtung ihrer Diktatur. Rechts im Hintergrund sind verstreute Kleingärten zu sehen, die gut 30 Jahre später für die Planung der City Nord Platz machen mussten.

Habichtsplatz

Am Stadtrand Platz für die Stadtarmut

Rund um den quadratischen Habichtsplatz in Nordbarmbek, nur einige hundert Meter von der damaligen Stadtgrenze entfernt, aber mit Hochbahn-Anschluss (unten), entstanden 1926 bis 1931 mehrere tausend Kleinstwohnungen, in der Regel Windfang, Aufenthaltsraum mit Kochnische, zwei kleine Zimmer und WC – Bad und Zentralheizung galten als Luxus. Lange Laubengänge führten zu den Wohnungen, damit Treppenhäuser eingespart werden konnten (Beispiel unten). Auch hier sorgte Oberbaudirektor Fritz Schumacher dafür, die Bauhöhe herabzustufen, einen Grünstreifen einzurichten („Schwalbenplatz") sowie das Innere eines großen Blocks für Sport und Spiel freizuhalten; er musste sich allerdings an die Straßenführung halten, da die Kanalisation bereits gelegt war. Am Rande des Platzes zur Straße Langenfort entstand eine Volksschule; auf der gegenüberliegenden Seite wurde Platz für eine weitere Schule gelassen. Der im Bombenkrieg zu mehr als 90 Prozent zerstörte Stadtteil wurde nach den Original-Plänen wiederhergestellt.

Jarrestadt

Neues Wohnen in Barmbek

Nach zweijähriger Bauzeit konnte die Großwohnsiedlung in unmittelbarer Nähe zum Stadtpark zwischen der Jarrestraße (unten), dem Glindweg, dem Goldbekufer und dem Wiesendamm (Mitte) 1930 bezogen werden. In den 35 bis zu fünfgeschossigen rot verklinkerten Wohnblocks mit Flachdächern standen mehrere Tausend 2- bis 3-Zimmer-Wohnungen mit Küche und Bad für viele Tausend Bewohner zur Verfügung. Die nach einem Wettbewerb ausgewählten zehn besten Architekten bildeten unter Leitung des Oberbaudirektors Fritz Schumacher eine Arbeitsgemeinschaft und erreichten trotz unterschiedlicher Akzente eine starke Einheitlichkeit der Anlage, in der das Gemeinschaftsgefühl greifbare Gestalt annahm. Als erster Preisträger durfte Karl Schneider um einen großen Hof herum den Mittelblock bauen. Rechts daneben der nach dem ehemaligen SPD-Bürgermeister Otto Stolten benannte Hof. Die vielen Grünanlagen und Balkone sorgten in der Jarrestadt für Licht und Sonne, aber trotz genossenschaftlicher und gewerkschaftlicher Beteiligung nicht für niedrige Mieten.

Meerweinstraße

Eine Volksschule für die Arbeiterstadt

Gleichzeitig mit der „Jarre-Stadt" wurde im Sommer 1930 an der Meerweinstraße auch eine große Schule eingeweiht: Sie hatte nur einen Haupteingang, denn sie sollte zum ersten Mal in Hamburg Jungen und Mädchen gemeinsam unterrichten. Die von großen Fenstern beleuchteten Klassenräume in den fünf Geschossen sind über die Treppentürme an den Flanken gut zu erreichen. Im Rücken der Schule befinden sich die Turnhalle, ein Gymnastiksaal und darüber eine Terrasse; dahinter ist ein Spielplatz geplant, neben der Schule ein Sportplatz, davor ein Kinder- und ein Altersheim. Der für den Bau einer Kirche vorgesehene Platz hinter den letzten Blocks ist noch frei. Vom Stadtpark (oben rechts) wird die Großwohnsiedlung durch die Gleise des Betriebshofs der Hochbahn sowie durch eine Gärtnerei getrennt. Die Schule ist inzwischen von viel Grün umgeben; ihre Lehrer, Schüler und Eltern fühlen sich der Reformpädagogik verpflichtet.

Dulsberg

Im Kampf gegen die Wohnungsnot

Für das Gelände auf dem Dulsberg hatte es bereits vor dem Ersten Weltkrieg einen Bebauungsplan gegeben, im Kriege wurde jedoch jede Bautätigkeit eingestellt. Der neue Oberbaudirektor Fritz Schumacher sorgte 1919 dafür, dass die Stadt einen breiten Grünstreifen anlegt und am Alten Teichweg sofort mit dem Bau von fünf u-förmigen Wohnblöcken beginnt; es folgten im gleichen Stil (Satteldach, rot geklinkert) fünf weitere Blöcke an der Straßburger Straße (rechts). Noch in den 1920er Jahren wurde die Siedlung nordöstlich der Elsässer Straße (Mitte) mit einfachen Flachbauten ergänzt. Gedacht war die Siedlung für die „minderbemittelte Bevölkerung", die sich durchsonnte und durchlüftete Kleinstwohnungen leisten sollte: auf 42 Quadratmetern eine Wohnküche, ein Schlafzimmer und eine Kinderkammer. Dafür wurde eine Monatsmiete von 42 Mark veranschlagt, für eine Arbeiterfamilie unterhalb des monatlichen Durchschnittseinkommens von 314 Mark zu teuer. Es soll sogar zu Mieterstreiks gekommen sein. Rechts unten ist der geschwungene Neubau einer Volksschule zu erkennen (heute: Emil-Krause-Gymnasium), links unten am Osterbekkanal eine Verbrennungsanlage der Müllabfuhr; sie war 1912 in Betrieb genommen worden, als drum herum noch alles unbebaut war, und wurde, trotz vieler Beschwerden über Geruchs-, Rauch- und Lärmbelästigung, erst 1939 stillgelegt. Der Platz für die Frohbotschaftskirche an der Straßburger Straße ist noch frei. Im Bombenkrieg wurde viel zerstört, danach aber viel nach alten Plänen wieder aufgebaut.

Barmbeks Parkkrankenhaus

Das dritte Krankenhaus für Hamburg

Der schnell wachsende Stadtteil Barmbek erhielt nach St. Georg und Eppendorf das dritte Allgemeine Krankenhaus. Es wurde nach dreijähriger Bauzeit am 1. November 1913 vom damaligen Bürgermeister Carl August Schröder eröffnet. Die streng geometrisch geordnete Parkanlage mit ihren etwa 60 Gebäuden aus gebrannten Klinkersteinen wurde beherrscht von einem wuchtigen Wasserturm, dem breiten Wirtschaftsgebäude und den beiden 55 Meter hohen Schornsteinen des Kohlekraftwerks (Mitte). Wer durch das Verwaltungsgebäude am Rübenkamp (links oben) das ummauerte Gelände betrat, kam in einen Ehrenhof mit Springbrunnen, blickte geradeaus auf das reich geschmückte Zentralgebäude mit Versammlungs- und Waschräumen und links wie rechts auf zwei sogenannte Kostgängerhäuser mit Ein-Bett-Zimmern für selbstzahlende Kranke. Die Spezialkrankenabteilungen mit insgesamt mehr als 2000 Betten waren nach dem Zerstreuungsprinzip auf einzelne Pavillonbauten verteilt. Im Oktober 1923 hatte der sozialdemokratische Gesundheitssenator seinen Parteifreund Andreas Knack, der in Barmbek zuvor als Pathologe gearbeitet hatte, gegen den Widerstand der Oberärzte zum ärztlichen Direktor ernannt. Sein besonderes Interesse galt den weiblichen und männlichen Geschlechtskranken. Gerne unterschied er zwischen dem „bürgerlichen und dem sozialdemokratischen Arzt"; im April 1933 wurde der 46-jährige Mediziner vom nationalsozialistisch beherrschten Senat entlassen. Britische Bomber zerstörten Ende Juli 1943 zahlreiche Gebäude, britische Besatzer vertrieben nach dem Krieg die verbliebenen Patienten und nutzten bis 1953 das Krankenhaus für ihre Zwecke. Zu Beginn des 21. Jahrhunderts wurden auf dem kleineren Teil des Geländes ein neuer Krankenhauskomplex mit 676 Betten errichtet, der einem privaten Klinik-Konzern überschrieben wurde; auf dem größeren Teil breitet sich nun ein Wohn- und Gewerbegebiet aus, Quartier 21 genannt.

Barmbeks Industrie

Arbeiten und leben an den Kanälen

1905 hatte der Koblenzer Industrielle Carl Spaeter eine Zweigniederlassung in Hamburg gegründet, eine Eisen- und Metallgroßhandlung. Auf dem großen Hof sieht man unter freiem Himmel Eisengussstücke in länglichen Formaten lagern. Die Werften ebenso wie die Bau- und Verkehrswirtschaft waren gute Abnehmer; u.a. beteiligte sich die Firma an der Stahlskelett-Konstruktion des Deutschlandhauses. Der Betrieb war sehr verkehrsgünstig am Osterbekkanal gelegen (oben), wo ein Stichkanal zum Stadtpark abzweigte. Rechts von der Flurstraße (1930 umbenannt in Stresemannstraße, heute Saarlandstraße) sind die Schornsteine weiterer Fabriken zu erkennen, für Maschinenbau, Möbel und Schokoladenfabrikationsmaschinen; auch eine Kohlenhandlung hat sich dort niedergelassen. Hinter der Brücke über den Osterbekkanal ist im Hintergrund das Gebäude einer 30-klassigen Volksschule für Jungen und Mädchen mit Volksküche zu sehen, heute Sitz des Arbeitsgerichts, gegenüber ein großer Sportplatz. Im Vordergrund verläuft der Wiesendamm.

Ohlsdorfer Friedhof

Eine Parklandschaft als letzte Ruhestätte

Deutlich sind beim Blick nach Westen die beiden Teile zu unterscheiden: Auf dem älteren Teil mit seinem dichten Baumbestand fanden die ersten Bestattungen 1877 statt; der neuere Teil, von der Nachbargemeinde Bramfeld erworben, wurde seit 1920 von dem Gartenbaudirektor Otto Linne in geometrischen Formen angelegt. Am Abschluss der Mittelallee im Vordergrund steht die von Fritz Schumacher 1927 geschaffene Kapelle 13: Die hohe Rundhalle mit farbig verglasten Fenstern wird von einer flachen Kuppel gekrönt, daneben Warte- und Aufbahrungsräume, dahinter eine öffentliche Bedürfnisanstalt, ebenfalls mit roter Klinkerverblendung. Links von der Mittelallee mitten in einem großen Gräberfeld liegt Kapelle 12, Endstation einer Buslinie: Die hier geplante Heldengedächtnishalle für die Gefallenen des Ersten Weltkriegs wurde nicht gebaut; nicht weit davon ein Seemannsfriedhof. Die ansteigenden Terrassen um den runden Prökelmoorteich (am rechten Rand) sind für Urnengräber vorgesehen. Am Rande des älteren Teils (oben links) besteht ein besonderer Begräbnisplatz der jüdischen Gemeinde mit Trauerhalle. In dem Linne-Teil finden sich heute zahlreiche Massengräber und Mahnmale zum Gedenken an die Opfer von Gewaltherrschaft und Kriegen.

Krematorium

Der Würde des Todes angemessen

Mit der Zunahme der Feuerbestattungen wurde ein neues Krematorium notwendig, das nach Plänen Fritz Schumachers 1930 zwischen Tal- und Fuhlsbüttelerstraße nicht weit vom Haupteingang zum Ohlsdorfer Friedhof errichtet wurde. Die 16 Meter hohe Feierhalle mit ihren farbig verglasten Seitenfenstern zelebriert, neutral gegenüber allen Konfessionen, eine weihevolle Stimmung. Der Zugang erfolgt über eine Freitreppe, flankiert von zwei Pfeilervorhallen. An der Giebelspitze ist symbolhaft der mythische Vogel Phönix angebracht, der aus seiner Asche wieder neu ersteht. Am als Turm verkleideten Schornstein auf der Westseite misst eine Uhr die Lebenszeit. Im Hintergrund sind die Gleise von Hoch- und Stadtbahn zu sehen, die in Ohlsdorf einen gemeinsamen Bahnhof zum Umsteigen haben.

Restaurant Röttger

Mit Blick auf den Haupteingang zum Friedhof

An der Fuhlsbüttler Straße hat Heinrich Röttger ein Restaurant mit Café und Konditorei eingerichtet, angeschlossen ein großer Garten. Ein idealer Platz für Begräbnisfeiern jeder Art wie auch für Gäste, die die Gräber ihrer Vorfahren gepflegt haben. An der Straße reiht sich ein Geschäft für Friedhofsbedarf ans andere: Da gibt es Kranz- und Blumenhändler, Steinmetze wie Steinbildhauer, Anbieter von Grabdenkmälern und -monumenten, sogar eine Werkstatt für Friedhofskunst. Im Hintergrund sind die Gleise der Hochbahn zu sehen, die seit 1914 auf einer Zweiglinie die Innenstadt mit Ohlsdorf verbindet; ein regelmäßiger Betrieb auf der über Fuhlsbüttel und Langenhorn nach Ochsenzoll verlängerten Strecke wurde 1925 aufgenommen. Davor die elektrifizierten Gleise der Vorortbahn, die 1914 bis nach Ohlsdorf weitergeführt worden war, die ab 1924 weiter bis nach Poppenbüttel fuhr und seit 1934 nach Berliner Vorbild als S-Bahn bezeichnet wurde.

Freibad Ohlsdorf

Hamburgs erstes Familienbad

Im Sommer 1927 erlebte es seinen ersten großen Ansturm, an heißen Tagen kamen jeweils bis zu 25000 Erholungssuchende. Es lag sehr verkehrsgünstig am Bahnhof Ohlsdorf (rechts oben); mehrere Straßenbahnlinien hielten in der Nähe und sogar Alsterdampfer erreichten in den Sommermonaten das Bad. Für Bequemlichkeit war gesorgt: Es gab Umkleideräume, Duschen, Toiletten, eine Liegewiese, einen Sprungturm, Sprungbretter wie auch einfache Zugänge ins Wasser. Für die Sicherheit in beiden Bassins sorgten Bademeister auf ihren Hochsitzen; daneben noch ein frisch angelegter Park. Das große Becken war von der Alster getrennt, erhielt sein frisches Wasser aber durch ein großes Rohr direkt aus dem Fluss. Inzwischen ist an dieser Stelle ein neues Hallen- und Freibad entstanden, das alte Becken wurde zugeschüttet, die alte Eingangshalle unterhalb der Hochbahngleise ist erhalten geblieben. Wo die Umkleidekabinen am Hasenberge standen, wird für Eigentumswohnungen geworben: Wohnen Im Grünen Grunde. Der dreistöckige Wohnblock am linken Rand steht seit 1928.

Ratsmühlendamm

Eine breite Verbindungsstraße zwischen Alster und Alsterkrugchaussee

Es gibt noch viele Bauplätze, nur im Dreieck zwischen dem Ratsmühlendamm (links), dem Heschredder (rechts) und dem Eibenweg hat eine gemeinnützige Wohnungsbaugesellschaft mehrere Doppelhäuser und Wohnblocks errichtet. Im spitzen Winkel ein leicht gekrümmtes Gebäude für die Reichspost mit Schalterhalle und Selbstwähl-Fernsprechzellen (ein Gespräch 10 Pfennig). Eine Volksschule für Mädchen steht schon seit 1919, ganz im Stil des Oberbaudirektors Fritz Schumacher in rotem Klinker, einige Jahre später ergänzt durch einen Anbau für Knaben und eine Turnhalle. Der Krieg hat hier keine Zerstörungen hinterlassen. Die Post hat das Feld inzwischen geräumt, es gibt nur noch einen Postshop schräg gegenüber. Auf der Freifläche davor wird jeden Mittwoch und Freitag ein Wochenmarkt abgehalten. Und die Grundschule ist dabei, sich zu modernisieren.

Heinrich-Traun-Siedlung

Ein Wohnquartier am grünen Stadtrand und unmittelbar am Alsterlauf

Der Bau- und Sparverein zu Hamburg hatte das Gelände im Dorf Fuhlsbüttel zwischen dem Brombeerweg (oben) und der Hummelsbütteler Landstraße (ganz rechts) 1907 erworben. Mit Unterstützung des Senators Heinrich Traun, der mit seiner Gummiwarenfabrik in Harburg, die aus Kautschuk Kämme herstellte, ein Vermögen gemacht hatte, wurden die ersten Wohnhäuser mit Garten errichtet; nach der Eingemeindung Fuhlsbüttels 1913 wurde bis 1939 weitergebaut. An den Förderer des Bauvereins erinnert der Name für die geschwungene Straße und für den an ihr liegenden Platz: Dort steht auf einer Stele eine würdevolle Büste des Senators mit runder Halskrause.

Eine neue Realschule im Alstertal

Ein Flachbau mit vielen Fenstern

Wegen der niedrigen Bebauung im wachsenden Stadtteil Fuhlsbüttel sollte das Gebäude möglichst flach gehalten werden. Oberbaudirektor Fritz Schumacher begnügte sich beim langgestreckten Trakt für 20 Klassen mit drei Stockwerken und sorgte mit großen Fenstern für viel Licht in den Unterrichtsräumen. Die Mittelflure enden an der einen Seite in einem verglasten halbrunden Treppenhausvorbau, daneben ein zweigeschossiger Anbau. Quergestellt wurde ein höherer Anbau, dem zur Straße hin zwei halbrunde Türme vorgesetzt sind; hier befinden sich übereinander Turnhalle, Aula und Gymnastikraum, von dem aus die lange Dachterrasse betreten werden kann. Das spätere Gymnasium wurde 2010–12 behutsam modernisiert unter Beibehaltung der äußeren Gestalt, abgesehen von einem weiteren niedrigen Anbau für eine Cafeteria. Der Hermann-Löns-Sportplatz wurde jedoch verkleinert, um Platz für ein weiteres Klassengebäude zu schaffen

Im Anflug auf Fuhlsbüttel

Hamburgs Flughafen auf einsamer Flur

1929 erhielt er ein neues Empfangsgebäude für die Abfertigung von Personen und Gepäck sowie für die Verwaltung und die Flugsicherung mit Signalkuppel. Zwei große Hallen flankieren den leicht geschwungenen Bau, die rechte mit der Dachaufschrift „Hamburg". Geflogen wurde nur tagsüber auf Sicht, das Flugfeld, gerade mal einen Kilometer lang und breit, bestand aus einer festen Grasnarbe und war nicht befeuert. Auf dem hell betonierten Vorfeld standen die Maschinen bereit für die Fluggäste, die in den 1930er Jahren jährlich in die Tausende gingen, nicht wie heute in die Millionen. Die Großborsteler Rennbahn (hinten links) diente dem Flughafen als Erweiterungsgelände. In Erinnerung an die frühere Nutzung als Luftschiffhafen wurde die Straße vor dem Gebäude nach Ferdinand von Zeppelin benannt, heute eine autobahnähnliche Anbindung. Nach dem Gleitflieger Otto Lilienthal heißt eine Nebenstraße (links) mit Wohnblöcken, von denen man die Flugzeuge gut sehen und hören konnte. Die Flughafenstraße (rechts unten) zur Hochbahn-Haltestelle Langenhorn-Süd (heute Flughafen) ist noch nicht fertig. Auf den Freiflächen im Vordergrund sind Eigenheimsiedlungen vorgesehen. Mit der Deutschen Luft-Hansa erreichte man Berlin in einer, München in vier und Königsberg in fünf Stunden. In Absprache mit ausländischen Fluggesellschaften wurden die meisten europäischen Hauptstädte angeflogen, die längste Linienverbindung führte nach Bagdad. Das alte Gebäude musste um 2000 zwei neuen Terminals weichen.

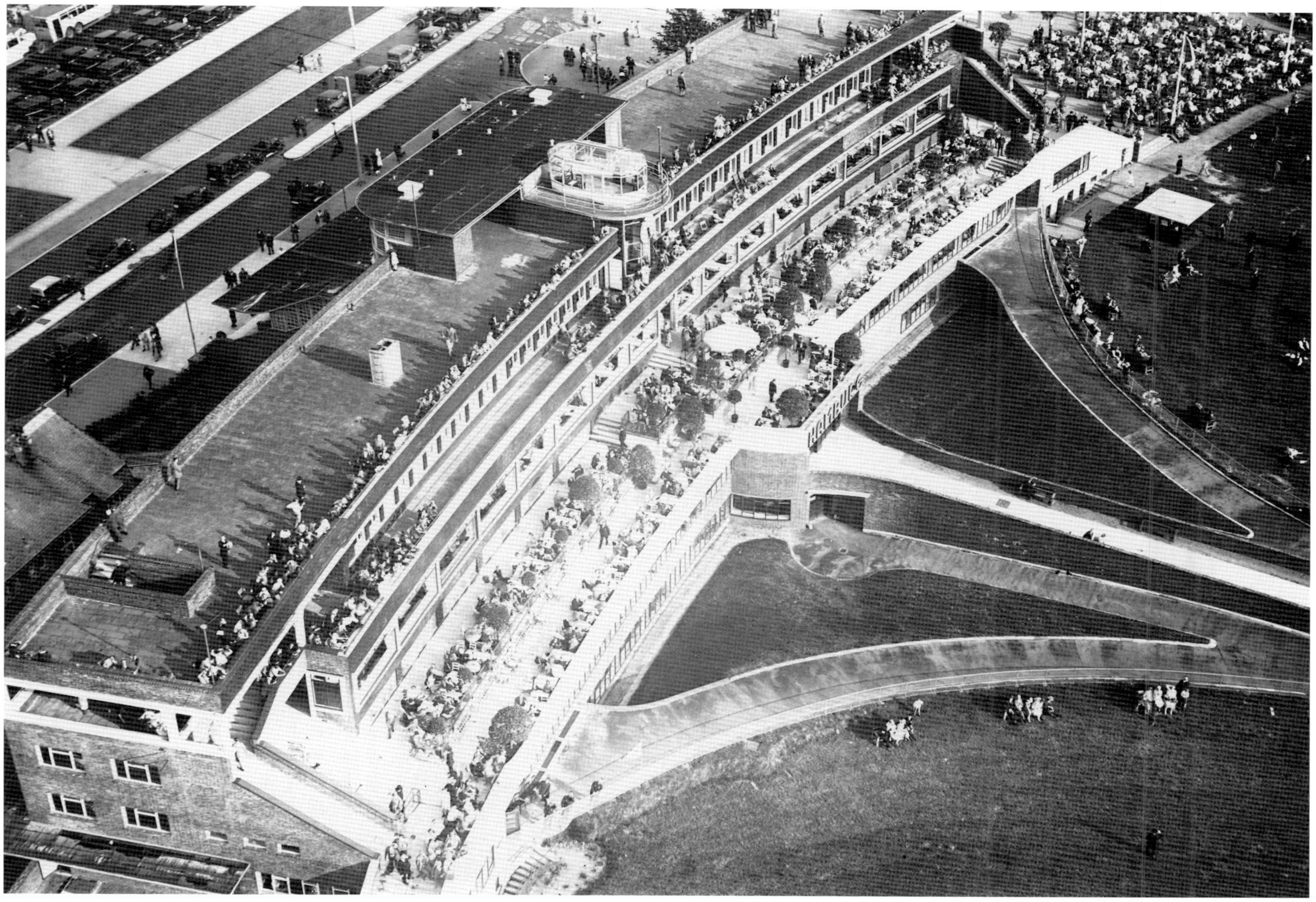

Flughafenterrasse

Die Fliegerei als Attraktion

Der Flughafen Fuhlsbüttel diente nicht nur dem Linienverkehr der Fluggesellschaften, sondern auch dem Luftsport. Die gut besetzte Terrasse des Restaurants, die Schaulustigen auf der Dachterrasse, die Neugierigen auf dem Flugfeld wie auch der gut gefüllte Parkplatz an der Zeppelinstraße (links oben) zeigen, dass dort einer der regelmäßig abgehaltenen Großflugtage stattfindet: Private Flieger führen mit ihren einmotorigen Maschinen Starts und Landungen vor, Sportflieger zeigen ihre Flugmanöver, Werkstätten geben Einblick in ihre Arbeit. Sicherheitsbedenken gab es offensichtlich nicht. In den 1990er Jahren wurde Deutschlands damals ältestem Flughafengebäude durch den Bau neuer Terminals das Ende vorbereitet.

Siemershöhe

Den Mittelstand zog es an den Stadtrand ins Grüne

Als Langenhorn 1913 eingemeindet und eine Verlängerung der Hochbahn angekündigt wurde, begann im nördlichsten Stadtteil ein Bauboom. Der Großkaufmann Edmund Siemers sah ein rechteckiges Gelände um den Dobenplatz herum für die Errichtung von etwa 100 Einzelhäusern vor; der Bau begann 1914, verzögerte sich im Weltkrieg und zog sich bis 1930 hin. Das Bild der rechtwinklig angelegten Straßen wird bestimmt durch überwiegend eingeschossige rote Backsteinvillen mit steilen Dächern, Erkern und Sprossenfenstern: Mit den großen Gärten nach hinten sowie den Feldern und Weiden rund herum fühlte man sich in dieser Gartenstadt Siemershöh fast wie in einer Dorfgemeinschaft. Abgesehen von einigen Abrissen und dem Einbau sprossenloser Fenster blieb der Charakter der Villenkolonie weitgehend erhalten, auch dank einer Verordnung zur Erhaltung baulicher Anlagen von 1994. Doch die Idylle hat sich nicht erhalten: Die Grünflächen im Umkreis sind bebaut, wo einst allenfalls das majestätische Rauschen der Luftschiffe zu hören war, donnern nun Turbinentriebwerke in dichten Abständen; Bewohner in der Einflugschneise verlangen die Einhaltung und Ausweitung des Nachtflugverbots.

Fritz-Schumacher-Siedlung

Für Kleinverdiener Kleinhäuser mit Gartenland zur Selbstversorgung

Das war 1919 die Grundidee des Hamburger Senats nach Krieg und Revolution, auf freier Heide- und Moorfläche in Langenhorn eine Siedlung mit 800 Wohnungen zu errichten. Die Stadt erwarb das Gelände vom Großkaufmann Edmund Siemers, gründete eine Heimstätten-Gemeinschaft und ließ Oberbaudirektor Fritz Schumacher so günstig wie möglich beiderseits der sandigen Tangstedter Landstraße (quer im Hintergrund) Reihen- und Doppelhäuser bauen. Aus Mangel an Baustoffen und Zement wurde auf Torfmull und Schlacke zurückgegriffen und sogar Lehm aus der Baugrube verwendet. Es gab fließend Wasser, aber kein Gas, keinen Strom und bis 1931 keine Kanalisation, dafür ein Plumpsklo mit großer Grube; ein Ofen erwärmte die Wohnküche, temperierte die winzigen Nebenzimmer und hielt die oberen Schlafräume frostfrei; das Leben sollte sich in den großen Gärten abspielen, in denen Obstbäume und Beerensträucher sowie Ställe für Kleinvieh (Hühner, Kaninchen, zunächst auch Ziegen, Schafe, Schweine) standen. Erst 1931, zehn Jahre nach dem Erstbezug, öffnete am südlichen Rand eine Volksschule mit bodenständigem Walmdach ihre Pforten: Die Hufeisenform öffnet sich zum Wördenmoorweg (links). 1944 wurde die Siedlungsschule nach ihrem Erbauer Fritz Schumacher benannt. 1970 schien die Zeit der Siedlung abgelaufen: Nach Abriss und Neubau sollten dort zehnmal mehr Menschen wohnen können. Doch die Bewohner erreichten den Schutz ihres sozialen Milieus und 2009 sogar die Anerkennung als Kulturdenkmal.

Irrenanstalt Ochsenzoll

Ein behütetes Dorf als Außenstelle der Krankenanstalt Friedrichsberg

1892 begann an der nördlichen Stadtgrenze am Ochsenzoll der Ausbau der Anstalt inmitten einer Wald- und Heidelandschaft, wo geeignete geisteskranke Patienten in relativer Freiheit sich landwirtschaftlich betätigen konnten, um die „erzieherische Wohltat einer regelmäßigen nutzbringenden Beschäftigung“ zu erfahren. Die Krankenanstalt in staatlicher Hand wurde über die Jahre weiter ausgebaut, erhielt neben den ursprünglichen neun Land- auch noch Pflege-, Beobachtungs- und Überwachungshäuser sowie mit hohen Mauern und vergitterten Fenstern gesicherte Häuser für „gemeingefährliche Geisteskranke und geisteskranke Verbrecher“. Mitte der 1920er Jahre setzte mit dem Verzicht auf Zwangsmittel und einschläfernde Medikamente eine Reform der Behandlung ein. Die Anlage sollte autark sein: Neben einem Kraftwerk mit zwei Schornsteinen gab es Brunnen und einen Wasserturm; neben den Ställen für Kühe, Schweine, Ochsen und Pferde stand ein Schlachthaus, ergänzt durch einen Eis- und einen Milchkeller; mittendrin eine kleine Kirche mit Veranstaltungsraum (heute Restaurant). Um das kreisförmig angelegte Gelände herum standen Wohnhäuser für die Angestellten. Im Hintergrund ist die Hochbahnstrecke zur Endstation Ochsenzoll zu sehen, links die Langenhorner Chaussee. Auf dem kleineren Teil des Geländes befindet sich heute eine Fachklinik für Psychiatrie und Psychotherapie, auf dem größeren ist im „OxPark“ ein Wohnquartier entstanden, das sich Unter den Linden nennt; dabei sind einige der historischen Gebäude erhalten geblieben.

Anscharhöhe

Wohltätigkeit in Eppendorf

Am Ende der Straße der Stifte für Alte, Gebrechliche und Arme ein Heim für etwa 30 „sittlich gefährdete, aber nicht gefallene Mädchen zwischen 14 und 21 Jahren“. Die Gemeinde der St. Anscharkapelle beim Gänsemarkt hatte das zu Lokstedt gehörende Gelände an der Tarpenbekstraße 1884 mit finanzieller Unterstützung von Emilie Jenisch, der Tochter des Erbauers des Jenisch-Hauses, erworben, um es zu einer „Kolonie der Barmherzigkeit“ auszubauen. Neben dem Emilienstift wurde 1889 eine Kirche Zum guten Hirten eingeweiht, dann ein Heim für alte Männer errichtet, ein Töchterpensionat und außerhalb ein Trinkerinnenasyl zur „gründlichen Befreiung von der Trunksucht durch die Kraft des Evangeliums und unter der Zucht eines geordneten Arbeitslebens“. Die Fürsorgezöglinge mussten durch Arbeit in der Wäscherei und Bäckerei, im Garten und im Stall zu ihrem Lebensunterhalt beitragen. Nach zwei Jahren sollten die Mädchen es leicht haben, eine gute Stelle als Dienstmädchen zu finden. In den 1920er Jahren war diese Art der Fürsorge nicht mehr gefragt, auf die Anscharhöhe wurden nun auch geistig behinderte Frauen und junge schwangere Mädchen eingewiesen. Im Krieg zum Teil zerstört, danach zum Teil wieder aufgebaut und beträchtlich erweitert, u.a. um Wohnblocks am Nedderfeld. Im Vordergrund ist ein hotelartiges Gebäude zu sehen: Es geht zurück auf eine wohltätige Stiftung von Emilies Vater Martin Johann für unverheiratete, geschiedene, verwitwete Frauen und einen Pförtner; es steht heute noch.

Eppendorf

Von der Großstadt an den Rand gedrängt

Die alte St. Johannis Kirche unmittelbar am Alsterlauf (rechts) ist nicht mehr der Mittelpunkt von Eppendorf, das 1894 Stadtteil wurde und danach einen großstädtischen Bauboom erlebte, nicht zuletzt befördert 1912 durch die Anbindung an den Ring der Hochbahn (Haltestelle Kellinghusenstraße links), später mit dem Abzweig nach Ohlsdorf. Zwischen den beiden Strecken hat das vornehme Evangelische Damenstift des Klosters St. Johannis seinen Platz gefunden, wie auch die Villen an der Heilwigstraße mit Gärten zur Alster. Die beiden großen Wohnblocks zwischen der neuen Kellinghusenstraße und der Kunhardtstraße (Mitte) hat der Eppendorfer Zimmermeister Ruppert Anfang der 1920er Jahre dort errichten lassen, wo zuvor die Dorfarmut gehaust hatte. Die Wohnungen waren für betuchte Mieter gedacht, drei bis vier Zimmer, Küche, Bad, Balkon zum Hof, Loggia zur Straße, Garage im Keller. Links ist noch das Kellinghusenbad zu erkennen. Rechts im Hintergrund die zu einem Mühlenteich aufgestaute Tarpenbek und dahinter die Stadtgrenze: das Nedderfeld.

Ein Allgemeines Krankenhaus in Eppendorf

Eine Pavillonanlage in einem Parkgelände

Nach Plänen des ärztlichen Direktors Heinrich Curschmann wurde es zur Entlastung des überfüllten Krankenhauses in St. Georg zwischen 1884 und 1889 am äußersten Stadtrand bei Eppendorf errichtet. Zwischen Martini- (unten), Curschmann- (links), Süderfeld- (oben) und Frickestraße (rechts) entstanden etwa 55 flache, schmucklose Pavillonbauten mit Fußbodenheizung für die Patienten und zweistöckige Gebäude für die medizinische bzw. chirurgische Behandlung, von einem Kraftwerk mit elektrischem Strom, von eigenem Brunnen mit fließendem Wasser versorgt (links). Bereits am Tag der Eröffnung waren die 1340 Betten mit 1436 Kranken überbelegt. Westlich der Curschmannstraße folgten Erweiterungsbauten, darunter 1914 ein Wohnheim für Schwesterschülerinnen und ausgebildete Schwestern, die zunehmend die angelernten Krankenwärter ablösten. Zur Unterstreichung des Anspruchs auf Forschung und Lehre wurde 1926 am nördlichen Rand neben dem Leichenhaus ein fünfstöckiges Institutsgebäude (rechts oben) fertig gestellt, in dem u.a. die Anatomie mit einem Seziersaal und ein Hörsaal untergebracht waren (heute Medizinhistorisches Museum). Dahinter (bereits Lokstedt) lag ein Betriebsgelände der Reichspost mit zwei 100 Meter hohen Sendemasten, über die das Programm der Nordischen Rundfunk Aktien-Gesellschaft/Norag an eine halbe Million Empfänger verbreitet wurde. Weniger der Krieg, mehr die zentralisierenden Umbaumaßnahmen nach 2000 haben dem Universitäts-Krankenhaus (seit 1934, heute: Klinikum) den Pavillon-Charakter genommen; ein pompöses Haupt- und Empfangsgebäude an der Curschmannstraße stellt den ursprünglichen Eingang (unten) in den Schatten.

Heilwigstraße

Vom Nonnenkloster zum Damenstift

An die Stelle des alten Nonnenklosters Jungfrauenthal in Herwardeshude trat in Eppendorf das Evangelische Damenstift vom Kloster St. Johannis: Die im Juli 1914 eingeweihte Anlage beherbergte in abgeschlossenen Wohnungen (jeweils mit Mädchenzimmer) zu einer angemessenen Miete 20 Stiftsdamen (links) und 18 Witwen (rechts). Zugelassen waren nur eheliche Töchter Hamburger Bürger der gebildeten Klasse: Sie wurden nach Vorlage des Taufscheins und des Bürgerbriefs eingeschrieben, mussten sich „einkaufen" und dann mindestens 25 Jahre bis zum Einzug warten; diese Frist entfiel natürlich bei Witwen. Der Bau ist geprägt von klösterlichen Reminiszenzen (Kreuzgang, Klostersaal, Wintergarten, Bibliothek) und der gediegenen Reserviertheit englischer Landsitze; herausragendes Merkmal ist der Uhrturm neben dem schmiedeeisern verschlossenen Zugang von der Heilwigstraße; am befestigten Alsterufer ein nach drei Seiten abgeschirmter Klostergarten. Das Stift steht unter dem Patronat der beiden Bürgermeister und wird von einer Oberin („Domina") geleitet. Obwohl das einstige Klostervermögen fast aufgezehrt ist, soll es eine lange Warteliste geben.

Beiersdorf in Eimsbüttel

Eine Fabrik für eine schneeweiße Hautcreme

Seit 1925 wird mitten im dicht besiedelten Stadtteil Eimsbüttel zwischen Unna- (unten) und Quickbornstraße (links) in blauen Dosen Nivea abgefüllt. Entwickelt hatte die Salbe Otto Troplowitz, der Nachfolger des Firmengründers Paul Beiersdorf, bereits 1911. Die nach dem Ersten Weltkrieg in eine Aktiengesellschaft umgewandelte Firma vertrieb ihre Markenwaren weltweit, darunter den Lippepflegestift Labello, das selbstklebende Heftpflaster Hansaplast sowie das Klebeband Tesafilm, und erweiterte ihre Produktionsanlagen beträchtlich. Um 1930 waren hier an die tausend Mitarbeiter beschäftigt, von denen die meisten in der näheren Umgebung wohnten. Wie der gesamte Stadtteil hatte auch Beiersdorf unter den britischen Bombenangriffen schwer zu leiden. Später wurde die Produktion aus der Wohngegend verlagert, die Hauptverwaltung etablierte sich hier in neuem Gewand. Nun soll die Konzernleitung umziehen und der Komplex abgerissen werden: Die Pensionskasse von Beiersdorf plant ein „neues, lebendiges Stadtquartier".

Überseeheim

Auswandererhallen

Von der Elbe ins gelobte Land der unbegrenzten Möglichkeiten

Vor dem Ersten Weltkrieg war Hamburg zum größten Auswandererhafen Deutschlands aufgestiegen. Die meisten Migranten kamen mit Sack und Pack aus dem Russischen Reich. Bevor sie sich auf einem der Dampfer der Hamburg-Amerika-Linie einschiffen und die zehntägige Überfahrt im Zwischendeck antreten konnten, wurden sie im Überseeheim der Hapag einquartiert: Erwachsene 1 Mark, Kinder die Hälfte. Ende 1901 öffnete es seine Pforten. Hier war Hygiene angesagt: Neben Schlafsälen und Speisehallen gab es Bäder, Desinfektionsräume und ärztliche Untersuchungen, um den Einreisebestimmungen der USA zu genügen; die Kirche teilten sich Katholiken und Protestanten, für Juden gab es einen Betsaal. Der Andrang wurde so groß, dass in den folgenden Jahren weitere Pavillons und Isolierbaracken errichtet wurden. Dass hier Jahr für Jahr Hunderttausende durchgeschleust wurden, bekam man in Hamburg kaum mit: Die Auswandererhallen lagen am äußersten Rand, am Südufer des Müggenburger Zollhafens (links), wo ein schmaler Streifen der preußischen Insel Wilhelmsburg der Stadt gehörte. In den 1920er Jahren halbierte sich das Geschäft und verlagerte sich nach Cuxhaven. Der mittlere Teil des Städtchens musste der Wilhelmsburger Reichsstraße weichen, die restlichen Gebäude und die Kirche wurden 1962 abgerissen. Was sich seit 2007 als Auswanderermuseum BallinStadt ausgibt, besteht aus Nachbauten.

Müllverbrennung in Billbrook

Dreckschleuder an der Leeseite der Stadt

Ab 1900 wurde das Marschland von Billbrook, wo die Bille in die Elbe mündet, für die Industrieansiedlung aufgeschüttet und kanalisiert, mit Straßen und Brücken versehen. 1914 begannen die Hamburgischen Electricitätswerke ihre über die Stadt verteilte Stromproduktion in einem Großkraftwerk mit vier 100 Meter hohen Schornsteinen am Tiefstack zu konzentrieren (links oben, nicht mehr im Bild). 1930 begann an der Borsigstraße der Bau einer Müllverbrennungsanlage (links), Ersatz für die seit 1896 am Bullerdeich betriebene Anlage. Der Einbau von Elektrofiltern sollte das Entweichen von Flugasche über die beiden Schornsteine verhindern; mit den HEW war vereinbart, den Dampf als Fernwärme nutzbar zu machen. Auch zwischen dem Billbrook-Kanal und der Liebigstraße (Vordergrund) siedelten sich zahlreiche Betriebe an: Neben den Vereinigen Seifenfabriken eine Lohnsägerei, Fabriken für Chemische Präparate, Maschinen und Zement. Nach einer neuen Festsetzung der Grenzwerte für Schadstoffemissionen musste die Müllverbrennungsanlage 1994 ihren Betrieb einstellen; der mit Steinkohle, Gas und Erdöl betriebene Ersatz für das alte Kraftwerk hält die Grenzwerte ein.

Bramfeld

Eine Kirche mitten im Grünen

1913/14 hat sie sich die Bramfelder Gemeinde geschaffen: ein achteckiger Rundbau, ein schlanker Turm mit barocker Haube, daneben ein Pastorat gegenüber von einem Gasthof und direkt an der Chaussee, die nach Hamburg führt. Wohl in der Hoffnung auf Eingemeindung in die Großstadt war die Kirche nicht an den Dorfplatz, sondern bis dicht an die Landesgrenze gerückt worden. Die Bramfelder fühlten sich mit den Hamburgern eng verbunden, denen sie Milch und Gemüse lieferten und denen sie einen Teil ihrer Fluren für die Erweiterung des Ohlsdorfer Friedhofs überlassen hatten. Im Gegenzug erwarteten sie den Anschluss an die Versorgung mit Wasser und Strom, an die Kanalisation und den Nahverkehr. Tatsächlich verdoppelte sich in den 15 Jahren nach Einweihung der Kirche die Zahl der Einwohner auf 7000, die günstige Wohnungen in den Nebenstraßen der Chaussee nach Hamburg fanden. Doch die Erwartung erfüllte sich erst 1937. Als eine neue Glocke im folgenden Jahr zu Ostern geweiht wurde, erhielt die Kirche ihren Namen: Osterkirche. Das Grün drum herum ist inzwischen weitgehend bebaut.

Bramfeld Seehof

Ein Ausflugslokal mitten in der Natur

Seit 1897 gibt es den Seehof in Bramfeld. Der See ist eher ein flacher Tümpel, moorig getrübt, geeignet zum Angeln, nicht zum Schwimmen. Trotzdem hatte es vor dem Ersten Weltkrieg viele Hamburger hierher gezogen, für sie war ein bisschen Elbsand aufgeschüttet, waren ein paar Strandkörbe aufgestellt und ein paar Boote bereitgestellt worden. Der Seehof warb mit seinem großen Kaffeegarten und seinen behaglichen Räumen. Im Krieg blieben die Ausflügler zeitweise aus, später kamen fast mehr Trauergäste: Der südöstliche Ausgang des erweiterten Ohlsdorfer Friedhofs liegt nur ein paar Minuten entfernt. Nach dem Zweiten Weltkrieg sollten Umbauten den Seehof über Wasser halten, 1979 wurde alles abgerissen, damit sich ein Jahr später ein neuer Seehof präsentieren konnte. Er versucht, an die guten alten Zeiten anzuknüpfen. Inzwischen genießen die Bewohner vieler Neubauten den Blick auf den Bramfelder See. Baden und das Füttern der Wasservögel ist untersagt.

Berne

Eine Volksschule mit dem Berner Wald im Rücken

Sie wurde 1929/30 ganz im Sinne von Oberbaudirektor Fritz Schumacher an der Lienaustraße (links) errichtet, zweistöckig, rot geklinkert und mit Flachdach, nebenan eine Turnhalle und ein großes Gelände für einen Sportplatz. Die Einzelhäuser mit den langen Gärten im Hintergrund („Kleine Wiese") sind die westlichen Ausläufer einer riesigen Gartenstadt, die zwischen 1919 und 1930 um den Berner Gutspark entstanden war, mit insgesamt 540 Doppelhaushälften. Die Mitglieder der Gartenstadt-Genossenschaft legten beim Bau selbst Hand mit an, waren und sind als Nutzer für den Innenausbau und die Instandhaltung verantwortlich und hatten ein lebenslanges Wohnrecht; an ein Siel war das Gelände nicht angeschlossen, so dass die Abwässer auf den großzügig bemessenen Grundflächen verrieselt werden mussten. Obwohl die Siedlung 1984 unter Milieu- und 2013 fast vollständig unter Denkmalschutz gestellt wurde, hat es Bemühungen gegeben, einzelne Gebäude abzureißen und dort verdichtet neu zu bauen, weil eine aufwendige Sanierung bei der geringen Wohnungsgröße sich nicht rechnen würde. Die Schule wurde 2016 geschlossen: Das schlug gewisse politische Wellen zur Frage nach ihrer künftigen Nutzung als kulturelle Einrichtung, da die größere der Regierungsparteien in Hamburg die Genossen der Gartenstadt als Anhänger behalten will.

Farmsen Versorgungsheim

Vom Werk- und Armenhaus zum Pflegeheim

An der August-Krogmann-Straße in Farmsen ließ Hamburg ab 1903 eine Außenstelle der Anstalt an der Oberaltenallee für „körperlich und geistig schwache Personen" bauen, gemeint sind Bettler und Landstreicher. Mit der Zeit entstanden sieben nach Geschlechtern getrennte große und kleine dreigeschossige Häuser sowie Fabrikgebäude. In der Mitte ein Kesselhaus sowie ein Wasserturm, flankiert von einem Männer- und einem Frauenbad und ergänzt durch ein Waschhaus. Bis zu 1700 Insassen sollten hier unterkommen können, meist in großen Schlafsälen, schwere und schwierige Fälle in Einzelzimmern. Tagsüber konnten Wohnsäle sowie Plauder- und Raucherecken genutzt werden. Vergitterte Fenster gab es nicht, dafür stand rundherum ein 2 Meter hohes Eisengitter. Nach dem Ersten Weltkrieg änderten sich die Verhältnisse und damit auch der Name: Es kamen viele durch Inflation und Wirtschaftskrise Verarmte sowie alte und kranke Menschen, die sich keine andere Unterkunft leisten konnten; es wurden auch „bewahrungsbedürftige" Menschen eingewiesen („entmündigte und entmündigungsreife Psychopathen und Trunksüchtige"). Beschäftigung (auch von nicht Gehfähigen) wurde als beste Therapie angesehen: Gewinnbringend arbeitete die Tütenkleberei, ein Zuschussbetrieb war die Werg- und Tauzupferei. Als besonders lohnend galt die landwirtschaftliche Tätigkeit auf dem nahegelegenen Staatsgut Farmsen. Heute bietet das weitgehend erhalten gebliebene Pflegeheim nach Um- und Neubauten 220 Bewohnern „gemütliche Einzel- und Doppelzimmer".

Farmsen Staatsgut

Vom Moorland zum Kulturland

Um 1900 erwarb Hamburg halb Farmsen östlich und westlich der August-Krogmann-Straße, für die Zweigstelle des Werk- und Armenhauses an der Oberaltenallee und für ein Staatsgut, das Hamburgs Großmarkt mit Gemüse, Obst und Fleisch beliefern sollte. Neben zahlreichen Frühbeetkästen und Gewächshäusern gab es Wiesen, Weiden und Ställe für Pferde, Rindvieh, Schweine, Schafe, Hühner, Enten und Gänse sowie eine Wiese mit 500 Obstbäumen und 30 Bienenvölkern. Daneben wuchsen Schnittblumen und Staudengewächse, die auch der Ausschmückung des Versorgungsheims dienten. Etwa ein Drittel seiner Insassen war auf dem Staatsgut beschäftigt, vorwiegend die „entmündigten, unverbesserlichen Trinker", aber auch die „rüstigen Psychopathen" sowie „Tippelbrüder und Tippelschicksen"; außerdem wurde dafür Sorge getragen, dass „arbeitsfähige Wohlfahrtsempfänger" ohne feste Stelle hier Arbeit fanden, etwa beim Trockenlegen von Mooren. Das gesamte Gelände ist überbaut worden: Bereits 1933 errichteten sich Erwerbslose auf dem Kohlfeld eine Siedlung; in den 1950er Jahren entstand im südlichen Teil eine Gartenstadt. Erhalten blieb an der Nordspitze als kümmerlicher Rest das Gut Carlshöh (heute: Karlshöhe), wo es eine Geflügelfarm mit Brutanlage gegeben hatte und wo für Forschungszwecke Meerschweinchen gezüchtet wurden: Umweltaktivisten verbreiten hier heute ihre Lehren und lassen Großstadtkinder etwas Landluft schnuppern.

Farmsen Trabrennbahn

Großer Renntag in Farmsen

Hamburger Pferdesportfreunde hatten sich 1911 neben der seit 1880 betriebenen Trabrennbahn in Bahrenfeld ein zweites Geläuf in der östlichen Exklave der Stadt gegönnt. Die Sportart richtete sich an die bessere Gesellschaft, und das Geschäft sollte sich lohnen: Die im Vorfeld abgestellten Karossen (unten) zeigen, dass der Eintrittspreis beträchtlich war; nicht nur von den Tribünen, auch von einem Restaurant und einem Wettbüro ließen sich die Rennen verfolgen. Am Rande sind die Stallungen für die Rennpferde zu sehen. In den 1930er Jahren war der Betrieb so erfolgreich, dass eine Flutlichtanlage installiert wurde, um bis in den Abend Rennen veranstalten zu können. Nach dem Zweiten Weltkrieg ging es jedoch bergab, auch ein neuer Investor, eine Hamburger Kaffee-Firma, brachte die Rennbahn nicht wieder auf Trab. In den 1990er Jahren wurde ein Wohnpark geplant und gebaut, der das Oval der Rennbahn nachahmt und dem sogar die beiden ehemaligen Ziegeleiteiche in der Mitte erhalten blieben. Die Ringstraße wurde nach Max Herz, einem der Gründer der Kaffee-Firma, benannt; die nahegelegene U-Bahnstation behielt ihren Namen Trabrennbahn.

Hagenbecks Tierpark

Die „größte Sehenswürdigkeit Hamburgs"

1907 hatte Carl Hagenbeck seinen Tierpark vor den Toren der Stadt eröffnet und zum Erfolg geführt. Die Straßenbahnlinie 16 führte von Eimsbüttel über die Kaiser-Friedrich-Straße (unten rechts, heute: Hagenbeckstraße) nach Stellingen direkt zum Haupteingang (verdeckt); Eintritt von 8 Uhr morgens bis zum Einsetzen der Dunkelheit: 1 Mark, Kinder die Hälfte. Die Straße teilte 1930 noch den Park, der die Tiere großenteils nicht in Käfigen oder umzäunten Gehegen, sondern in Freianlagen bzw. Panoramen zeigte: ein Felsmassiv für Steinböcke, eine Schlucht für Löwen, ein Schieferfelsen für Mantelpaviane, Wassergrotten für Pinguine und Walrösser, ein Weiher für Flamingos; später kam eine Steppenlandschaft für Elefanten, Zebras und Antilopen hinzu. Es gab auch Dressurhallen und bis 1927 Völkerschauen. Am östlichen Rand vor einem großen Teich ein Sommerrestaurant mit Aussichtsturm, wo zu Tafelmusik gespeist werden konnte (im Krieg zerstört). Die weiten Wiesen hinter dem Lokstedter Weg (heute: Gazellenkamp) bewirtschaftete Hagenbeck für seine Tiere. Am rechten Rand ist eine Aschenbahn zu sehen, wo sich Motorradsportler ohrenbetäubend austobten – im zeitgenössischen Slang „Dirt-Track". Heute befinden sich dort die Fernsehstudios des NDR.

Finkenwerder

Ein Wachtposten bei der Einfahrt in den Hamburger Hafen

An der Westspitze der Elbinsel Waltershof übergeben die Elblotsen die Schiffe an die Hafenlotsen, die sie an die gewünschten Plätze navigieren. Der Klinkerbau mit Turm und zwei Flügeln wurde nach Plänen von Oberbaudirektor Fritz Schumacher 1913/14 errichtet, aber erst 1925 von den Lotsen bezogen. Es gab Warteräume, Schlafzimmer, einen Speisesaal, Büros und im abgerundeten Flügel einen großen Kartenraum. Rechts daneben seit 1913 der Hamburger Yachthafen mit Anlegestelle (1960 nach Wedel umgezogen). An der anderen Seite des Köhlfleets beginnt Finkenwerder: Aus dem einstigen Fischerdorf entwickelte sich bereits in den 1920er Jahren eine Arbeitersiedlung, erst für den Schiffs-, später auch für den Flugzeugbau. Die 1918 gegründete Deutsche Werft (links, nicht im Bild) nutzte das 1912/13 errichtete zweistöckige Gebäude (Vordergrund) zusammen mit dem Dreimaster *Großherzogin Elisabeth* als Seemannsschule; später zogen dort Ortsamt und Polizei ein. Am nördlichen Hochufer sind die Parks und Villen an der Elbchaussee zu sehen. Der Schiffsverkehr auf der Elbe hielt sich im Jahr nach Ausbruch der Weltwirtschaftskrise in Grenzen. Inzwischen machen die Containerriesen den imposanten Blickfang zum Winzling.

Hummelsbüttel Ziegelei

Einblick in die Eiszeit

Um das kleine abgelegene Dorf Hummelsbüttel herum hatten sich in der 2. Hälfte des 19. Jahrhunderts mehrere Ziegeleien angesiedelt. Sie nutzten Lehmablagerungen, die ein Gletscher hier in der letzten Eiszeit an die Oberfläche gedrückt hatte. Bereits nach dem Großen Brand von 1842 soll Hamburg für den Wiederaufbau Lehmziegel vom Oberlauf der Alster bezogen haben. 1898 kam August Sievert aus Detmold und errichtete bei einer offenen Tonlagerstätte am Poppenbütteler Weg Ecke Am Hehsel eine Ziegelei. Anstatt die Backsteine von Hand zu streichen und in der Sonne zu trocknen, wurden sie von Maschinen gepresst und in Ringöfen gebrannt (lange Halle). Die wachsende Großstadt brauchte Millionen von diesen Bausteinen. In den 1950er Wiederaufbaujahren verdarben andere Baumaterialien wie Beton, Stahl und Glas das Ziegeleigeschäft: Hummelsbüttel verlor seine Fabriken und wurde zu einem bevorzugten Wohngebiet. An die Schätze der Eiszeit erinnern der Name der weiter nördlich auf freien Feldern im Backstein-Look errichteten Großsiedlung Tegelsbarg („Ziegelberg") und die tiefe Sievertsche Tongrube (angeschnitten am rechten Rand). Wegen ihrer geologischen Bedeutung bei der Erforschung des Übergangs von Eis- zu Warmzeiten erhielt sie 1986 den Titel eines Naturdenkmals. Da Botaniker die Betreuung des inzwischen bewaldeten Geotops übernommen haben, gilt es, an den feuchten Wegen seltene Pflanzen zu bewundern. Dagegen ist der Poppenbütteler Weg zu einer mehrspurigen Ringstraße ausgebaut worden.

Bergedorfer Nagelfabrik

Ein Norweger in Lohbrügge

Ursprünglich gehörte das Dünengelände westlich der Bille zur preußischen Gemeinde Sande, die nach dem Zusammenschluss mit Nachbargemeinden 1927 Lohbrügge hieß. Seit 1878 wurden hier Hufnägel produziert. Kern der Fabrik war die langgestreckte Schmiede mit 60 Maschinen, die jeweils täglich aus „bestem schwedischen Holzkohleneisen" 20 000 Nägel herstellten; sie wurden dann in 20 Trommeln poliert, von Mädchen an 30 Zwickmaschinen gerichtet, anschließend nach Länge sortiert und in Holzkisten verpackt. Erworben hatte die Fabrik der norwegische Großindustrielle Hans Mustad, der von Christiana (heute: Oslo) aus über die Grenzen seines Landes mit Eisenwaren wie Hufeisen, Hufnägeln, Äxten, Angelhaken und mit Margarine Handel trieb. Um den Schutzzöllen zu entgehen, errichtete er vor dem Ersten Weltkrieg in zahlreichen europäischen Ländern eigene Fabriken, auch bei Hamburg, in Hafennähe wegen des Eisens aus Schweden und mit Bahnanschluss, um schnell über Berlin in die Weiten des Ostens liefern zu können, wo Landwirtschaft mit Pferdekräften betrieben wurde. Die maschinelle Produktion von Hufnägeln ging allerdings zurück, als das Automobil die Pferde zu verdrängen begann. Ein besonderer Schlager blieben die Diamant-Nagel-Schrauben. Der maschinisierte Betrieb florierte; die Zahl der Beschäftigten ging in die Hunderte, davon etwa ein Viertel Frauen. Produziert wurde bis in die 1960er Jahre: Heute stehen auf dem Gelände die Teile des auf dem Areal des benachbarten Eisenwerks errichten Wohnparks Billebogen.

Reitbrook

Eine Windmühle als Wahrzeichen

Das Dorf gehört zu den Marschlanden, früher Hamburgs Milch- und Kornkammer (anders als die benachbarten Vierlande), und ist nach wie vor Hamburgs Gemüsegarten. In dieser Flusslandschaft der Elbe dienten Mühlen einem doppelten Zweck: Sie sollten die Ackerflächen entwässern und das Getreide zu Schrot mahlen. Die erste Reitbrooker Mühle war bereits am Ende des 18. Jahrhunderts nach Holländer Art gebaut worden; sie brannte 1870 ab, der Neubau ist heute noch betriebsfähig zu bewundern. Kleine Kähne haben das Mahlgut auf der Dove Elbe, einem „tauben" Nebenarm des Hauptflusses, nach Hamburg bringen können. Bis zum Zweiten Weltkrieg trieb noch der Wind die Mühle an, dann wurde sie elektrifiziert und unter Denkmalschutz gestellt, so dass auch ihre Flügel erhalten geblieben sind. Die Brücke führt nach Allermöhe. Rechts neben der Mühle steht das frühere Haus des Müllers, zu einer strohgedeckten Fachwerkkate zurückgebaut: Hier wurde 1852 der spätere Direktor der Hamburger Kunsthalle, Alfred Lichtwark, geboren. An der Brücke das neue Müllerwohnhaus.

Veddel

Hamburgs Brückenkopf am Südufer der Elbe

1887 war eine neue Brücke mit wuchtigem Stadttor (oben rechts) zur Veddel für den Wagen- und Passantenverkehr eröffnet worden. Wo heute der Autobahnzweig Veddel beginnt, waren 1930 ebenso viele Pferdefuhrwerke wie Lastwagen unterwegs. Am Marktkanal zwischen Neuhäuser und Georgswerder Damm befanden sich große Lagerflächen für in- und ausländische Hölzer, daneben haben sich Kleinbetriebe angesiedelt, auch eine Bootswerft; in dem hellen Gebäude am Veddeler Marktplatz eine Filiale der Hamburger Sparcasse von 1827. Auf der anderen Seite der Veddeler Brückenstraße vier- bis fünfgeschossige Mietshäuser; dahinter entstand in den späten 1920er Jahren um den Slomanplatz herum eine Siedlung mit Kleinstwohnungen für Hafen- und Industriearbeiter (nicht im Bild). Die Peutestraße (unten) führt in ein Industriegebiet mit einer Kupferfabrik. Nicht nur das Backsteintor musste der Verbreitung der Brücke und dem vielspurigen Ausbau der Brückenstraße weichen.

Volksdorf

Ein Lustschloss für einen Hamburger

Der Hamburger Wollhändler Heinrich Adolph Klöpper hatte es sich 1905 am Rande des abgelegenen Volksdorfs bauen lassen. Sechs schmale Säulen zieren die Front, tragen eine Art Balkon und verleihen dem Bau eine gewisse Leichtigkeit, wenn man auf einer breiten Treppe auf ihn zugeht. Fast spielerisch wirkt der nach barocken Vorbildern gestaltete Park, der in einem tempel-artigen Pavillon seinen Abschluss findet. Die karge Bepflanzung lässt allerdings daran zweifeln, dass dieses Boskett barocken Lustbarkeiten gedient hat. Die beiden Geschäftshäuser, die sich Klöpper in Hamburg zur gleichen Zeit am Rödingsmarkt und am Anfang der Mönckebergstraße errichten ließ, wirken dagegen klotzig und protzig. Als Klöpper 1928 kinderlos starb, wurde das Landhaus von der Berlinerin Hilde Wulff erworben: Sie hatte trotz Kinderlähmung den Beruf einer Wohlfahrtspflegerin erlernt und setzte sich für die Schulpflicht behinderter Kinder ein. Sie schuf in Nachbarschaft zum bereits bestehenden Pestalozzi-Heim für Kinder, die vor „sittlicher Verwahrlosung" geschützt werden sollten, das „Kinderheim im Erlenbusch" und übersiedelte 1935 mit zehn Kindern ins Landhaus. Das Heim besteht bis heute, hat den Garten für Erweiterungsbauten genutzt und betreut bis zu 40 behinderte Kinder und Jugendliche sowie 15 Erwachsene.

Walddörferschule

Unterricht in freier Natur und ländlicher Kultur

Fernab von der Großstadt wollten die Reformpädagogen eine „körperliche und geistig gleich harmonische Entwicklung und Bildung“ ermöglichen. Welcher Standort konnte dafür geeigneter sein als eines der Walddörfer, die als Exklaven auf stormanischem Gebiet lagen, früher Hamburg mit Brennholz beliefert hatten und nach dem Anschluss an das Hochbahnnetz (Damm im Hintergrund) ein begehrtes Wohngebiet wurden. Im April 1930 bezogen einige hundert Schüler und Schülerinnen die neuen zweistöckigen Gebäude mit Untergeschoss in Volksdorf: in den nördlichen Flügel Volksschüler, in den südlichen Oberrealschüler. Gemeinsam nutzten sie den umschlossenen Innenhof und den Festsaal, getrennt die Turnhallen mit Umkleide- und Duschräumen; den Abschluss bildete der Gymnastiksaal (links) mit Durchblick zum Stadion. Seit den 1970er Jahren beanspruchte das Walddörfer-Gymnasium den gesamten Komplex: Es wurden der Innenhof tiefer gelegt, eine Pausenhalle als Verbindung neu geschaffen und der Nordflügel saniert; auf dem nördlichen Nachbarfeld ist die Stadtteilschule Walddörfer dazugekommen. Der Denkmalschutz hat 2018 nicht verhindern können, dass durch Brandstiftung beträchtlicher Schaden entstanden ist.

Wohldorf Schleuse

Durch das Schleusentor nach Hamburg

Ganz im Norden, im Walddorf Wohldorf erreicht die Alster das Stadtgebiet. Für den Wasserlauf aus der 15 Meter höher liegenden Quelle ist es bereits die fünfte Schleuse; der schnell strömende Fluss musste immer wieder gestaut werden, damit die Alsterkähne genügend Wasser unter dem flachen Boden haben. Wenn ausreichend Kähne zusammen kamen, wurde das Tor geöffnet, so dass sie mit einem Schwall Wasser die nächste Schleuse in Mellingburg erreichen konnten. 1914 wurde die hölzerne Wehranlage durch Beton und Eisen ersetzt und verlängert, später die ins preußische Nachbardorf Duvenstedt führende Brücke verbreitert; 1930 wurde rechts ein Tunnel angelegt, damit die Boote bei der Bergfahrt nicht über die Schleusenstraße geschleppt werden mussten. Seit etwa 1600 vererbte sich in der Familie Timmermann der Posten des Schleusenmeisters, der um 1850 ein großes Haus (links) erhielt, in dem er auch Schiffer und Treidler bewirten konnte; Ausflügler kamen entweder über die zwischen Wohldorfer Wald und Alster frisch angelegte Alleestraße (links oben) oder mit der Kleinbahn, in die sie in Ohlstedt umgestiegen waren; ihr Betrieb wurde 1961 eingestellt und in der ehemaligen Endstation Wohldorf ein Museum eingerichtet. Der Gasthof *„Zur Schleuse"* ist zum Wohnhaus geworden, die Weide dahinter dicht bebaut. Nun werden Paddeltouren bis zur Poppenbütteler Schleuse angeboten, durch eine Landschaft, die bereits zum Ende der letzten Eiszeit von Rentierjägern gut besucht war.

Zollenspieker

Vom Wachposten zum Fährhaus

Schon zur Hansezeit hatten die Hamburger einen Blick auf diese Stelle geworfen, wo gegenüber die Ilmenau in die Elbe mündete und die Salzschiffe aus Lüneburg den Fluss querten und Zoll zahlen mussten, wenn sie weiter nach Lübeck wollten. Hamburg behauptete diesen Vorposten seiner Macht an der Südspitze von Kirchwerder gegen räuberische Ritter und geldgierige Fürsten. Neben einem mit Palisaden und Kanonen geschützten Schanzbau wurde im 17. Jahrhundert am Zollenspieker ein neues Fährhaus gebaut, das sich in seinen Grundmauern bis heute erhalten hat; in den folgenden Jahrhunderten gab es viele Ergänzungen, einen Tanzsalon, eine Veranda, eine Bühne, Fremdenzimmer. In den 1990er Jahren konnte der drohende Verfall des denkmalgeschützten Hauses verhindert werden: Ein Investor erwarb es zum symbolischen Preis von 1 DM und unterzog es einer gründlichen Sanierung, die auch die interessante Baugeschichte des Fährhauses ans Licht brachte; 1999 wurde es wiedereröffnet. Im Sommer ist der Fähranleger vor allem bei Bikern beliebt, die sich nach Hoopte übersetzen lassen.

Altona

Drei Lebensadern durchziehen die Stadt

An der Großen Elbstraße (rechts), die von Lärm und Geruch der Arbeit bestimmt war, standen langgestreckte Kaischuppen mit Bahnanschluss, davor die Fischdampfer, die hier ihren Heringsfang löschten, eine der Haupteinnahmequellen Altonas. Auf dem bewaldeten Geesthang die Straße der Reeder und Kaufleute, die dort ihre prächtigen Paläste mit Blick auf die Elbe errichteten und die mit ihrer Adresse „Palmaille" an ein Ballspiel erinnerten, das hier angeblich 300 Jahre zuvor unter schattigen Alleebäumen gespielt worden war, inzwischen eine viel befahrene Durchgangsstraße. Hinter dem Viereck des neuen Rathauses (links) beginnt die breite Königstraße mit vielerlei Geschäften auf beiden Seiten und viel Verkehr; hier standen das Stadttheater und am Ende, gleich hinter der Hauptkirche (ihr schlanker Turm verschwimmt im Hintergrund) das alte Rathaus. Britische Bomber legten Ende Juli 1943 halb Altona nieder, auch das neue Rathaus wurde schwer beschädigt, aber schnell wiederhergestellt; das geplante Neualtona brauchte mehr Zeit. Die langen Hallen wurden ausgebaut; Fisch wird am Kai schon lange nicht mehr gelöscht, aber noch verkauft und gegessen. Das Hafenbecken ist zugeschüttet worden und dient seit 1991 als Vorplatz für einen Kreuzfahrtterminal.

Altona Hafen

Rauchende Schlote am umschlagfreundlichen Hafenrand

Gleich hinter dem Fischmarkt (alte Fischauktionshalle unten rechts) hat die Firma Heinrich Wilhelm Lange aus Uetersen 1880 an prominenter Stelle eine mit Dampf betriebene Weizenmühle errichtet. Ihre Produkte vertrieb sie unter klingenden Namen wie Eldorado Auszug Mehl und Splendor Weizenmehl. Der Komplex mit Maschinenhaus und Speichern nahm fast die Hälfte des Blocks ein; vor der Altonaer Landungsbrücke (links) gab es noch eine Segelmacherei, eine Backpulverfabrik und eine Pumpernickelbäckerei. Im Rücken der Betriebe hatte die Zollverwaltung ihren Sitz. Auf der gegenüberliegenden Seite der Großen Elbstraße ein dunkler Bau mit einem spiralförmigen Turmaufsatz: eine Mälzerei, die Braugerste für das Bierbrauen trocknete und die Feuchtigkeit über Ventilatoren in die Luft blies; in den 1990er Jahren hat sich auf fünf Stockwerken ein Designcenter eingerichtet. In der Nachbarschaft waren und sind viele Kneipen zu finden; vor einer werden gerade Bierfässer entladen (unten rechts). Hinter der Landungsbrücke ist der Holzhafen zu sehen: Es liegen dort allerdings nur Kohlenkähne, die den Kohlenhof von Franz Haniel aus Duisburg (oben links) beliefern; heute erhebt sich hier ein verglaster Turm mit Wohnungen, deren Mieten es mit denen in der Hafencity aufnehmen können.

Altona Rathaus

Die neue Mitte Altonas

Nach der 1889 erfolgten Vereinigung mit Ottensen (rechts unten die nach dem dänischen König Christian benannte Dorfkirche aus dem 18. Jahrhundert) verdoppelte sich die Fläche, vermehrte sich die Bevölkerungszahl der Stadt, so dass das alte Rathausgebäude beim Nobistor den Anforderungen nicht mehr gewachsen war. Als Platz für ein gemeinsames Rathaus wurde die Stelle ausersehen, wo sich bis 1895 der Endpunkt der Eisenbahnlinie Kiel-Altona befunden hatte: Unter Nutzung der Fassade des alten Empfangsgebäudes entstand ein neues Rathaus mit vier Flügeln für die städtische Verwaltung der Finanzen, des Bauwesens, der Schulen und der Wohlfahrt. Vor dem mächtigen Nordportal wurde 1898 ein bronzenes Reiterstandbild von Kaiser Wilhelm I. in Anwesenheit seines Enkels Wilhelm II. enthüllt und die mit Springbrunnen geschmückte Anlage Kaiserplatz getauft (seit der Revolution 1918/19 „Platz der Republik"). Bereits 1875 war zur Elbe hin eine 15 Meter hohe Säule enthüllt worden, gekrönt mit einem bronzenen, die Flügel ausbreitenden Adler: Sie war aus erbeuteten französischen Geschützen gefertigt worden und erinnerte an den Sieg über Frankreich 1870/71. Altona dehnte sich in den folgenden Jahren weiter aus und wurde 1927 mit der Eingemeindung der Elbvororte zu Großaltona. Im Rathaus residierte ein Oberbürgermeister (zur Zeit der Aufnahme Max Brauer) mit zwölf Senatoren, tagten regelmäßig die 61 Stadtverordneten. Heute ist es Sitz der Bezirksverwaltung, hier tagt die Bezirksversammlung. Der Reiter steht noch, die Siegessäule ist verschwunden.

Bahrenfeld Steinway

Eine Weltfirma im neuen Industriegebiet

1853 hatte der deutsche Möbeltischler Heinrich Steinweg mit seinen Söhnen eine Flügel- und Klavierfabrik in New York unter dem Namen Steinway & Sons gegründet; 27 Jahre später begann in Hamburg die Produktion für den europäischen Markt, nicht zuletzt für europäische Fürstenhäuser. Da die Nachfrage auch in den 1920er Jahren ständig anstieg und die Nachbarstadt Altona auf der Suche nach neuen Investoren ein attraktives Gelände mit Gleisanschluss nördlich des Holstenkamps anbot, verlegte Steinway 1928 seine Produktion an den Rondenbarg und beließ nur seine Verwaltung in der Schanzenstraße. Es war bei der Einzelfertigung viel Handarbeit angesagt, beim Bespannen der Saiten, beim Austarieren der Tasten, beim Auftragen der schwarzen Politur, bei der Intonation der Klangfarbe; den meisten Platz beanspruchten die Edelhölzer, die in langen Hallen (links) austrocknen und zugeschnitten werden mussten. Die geplante weitere Ansiedlung von Betrieben unterblieb nach der Weltwirtschaftskrise und vertrieb erst in den 1960er Jahren die Kleingärtner vom Rondenbarg. Wenn auch in anderer Eigentümerschaft läuft die Produktion von sieben Flügel- und zwei Klavier-Modellen wie früher.

Bahrenfeld Freibad

Hervorragende Sportstätten als Anhang zum Volkspark

Seit ihrer Eröffnung 1927 war die Freibadanlage im 1890 eingemeindeten Bahrenfeld sehr beliebt. Besondere Attraktionen waren das Schwimmerbecken mit den 100-Meter-Bahnen und der 10-Meter-Sprungturm. Das ins anschließende Nichtschwimmerbecken sprudelnde Wasser wurde auf fünf breiten Steinstufen von der Sonne erwärmt. Rechts ist die Ostkurve des bereits 1925 zur „Hebung der Volkskraft" eingeweihten Stadions (auch: Festwiese) zu erkennen: Bei den Deutschen Meisterschaften 1928 traf zum Endspiel vor 50 000 Fußfallfans (davon 2 000 auf der bestuhlten Tribüne) Hertha BSC auf den HSV. Im Hintergrund schlossen sich Hockey- und Fußballfelder sowie eine riesige Spielwiese an, die im Winter in eine Eislaufbahn verwandelt werden konnte. Nicht mehr im Bild der während des Ersten Weltkriegs und danach vom Gartenbaudirektor Ferdinand Tutenberg mit Hilfe von Notstandsarbeitern gestaltete Volkspark, in bewusster Abkehr von der Gartenarchitektur des Hamburger Stadtparks eine dicht bewaldete Anlage für Spiel und Sport, Erholung, Gesundung und Belehrung: „Alles durch das Volk für das Volk" hieß das Motto. Nicht dem Bombenkrieg, sondern dem Wunsch nach mehr Volksbelustigung fielen 1989 Freibad und Stadion zum Opfer: Um die Jahrtausendwende entstanden hier mehrere Arenen, die mit ihren Namen an Sponsoren, nicht an ihre Vorgeschichte und ihre Lage erinnern.

Blankenese Blick auf die Elbe

Der schönste Aussichtspunkt in Hamburgs Umgebung

Es gab keinen Reiseführer, der nicht einen Ausflug mit dem Dampfschiff oder der elektrischen Bahn nach Blankenese sowie einen Aufstieg zum Süllberg empfahl. Es ist bald 1000 Jahre her, dass an dieser Stelle ein Bremer Erzbischof ein Kastell zum Schutz seiner Anhänger bauen ließ. Die Tage dieser Burg waren jedoch gezählt, nachdem die Hamburger Kaufleute 1189 ihr Privileg vom Kaiser Friedrich Barbarossa erhalten hatten. Auch wenn die Alba, die Weiße, hier bald 2000 Meter breit war, erfolgte an der schmalsten Stelle der Niederelbe spätestens seit 1300 ein reger Fährverkehr auf der Handelsstraße zwischen Dänemark und Holland: Die Magerochsen landeten bei Cranz an der Este und sollten sich auf dem Marsch zu den Verbrauchern am Rhein dick und fett fressen. Bequem für Menschen wurde es Mitte des 19. Jahrhunderts mit der Einrichtung einer Anlegestelle für Dampfschiffe. Nur zu ahnen ist, wie schwierig es war, den Schiffen in der flachen und breiten Elbe genügend Wasser unter dem Kiel zu sichern. Die beiden Elbinseln (Kleiner und Großer Schweinesand) weisen auf die ständige Gefahr der Versandung hin. Vor dem Ersten Weltkrieg genügte nach New Yorker Vorbild eine Wassertiefe von zehn Metern; in den 1920er Jahren wurden Schaufel- und Saugbagger eingesetzt, um eine Tiefe von zwölf Metern auf einer 200 Meter breiten Fahrrinne zu erreichen. Nach Ausbruch der Weltwirtschaftskrise Ende 1929 ging die Zahl der großen Frachtdampfer zurück.

Blankenese Süllberg

Ein runder Aussichtsturm als Wahrzeichen

Eine Gastwirtschaft hatte es auf der Anhöhe des Süllbergs bereits seit 1837 gegeben. Aber erst der Gastwirt Heinrich Detlev Rohr ließ Ende des 19. Jahrhunderts in Erinnerung an die mittelalterliche Burganlage einen 20 Meter hohen Söller neben sein Restaurant und sein Hotel (zehn Zimmer mit 18 Betten) errichten. Ein großer Saal diente Festlichkeiten, eine lange Terrasse dem unverstellten Blick auf die Elbe und den Schiffsverkehr. Die Taleinschnitte links und rechts sowie die Hänge sind dicht an dicht bebaut und mit steilen Treppen erschlossen. Umringt wird die Erhebung auf halber Höhe von Stützmauern und der Süllbergsterrasse. Ein riesiger Terrassengarten ist rechts zu erkennen, beherrscht vom Säulenvorbau einer Villa, die gerade der Hamburger Rechtsanwalt Alfred Schüler erworben, erweitert und prachtvoll ausgestattet hatte. Die exponierte Lage garantierte gute Aussicht und wenig Einblick, so dass Jahrzehnte später erst ein Mode-Designer, dann ein Musikproduzent sich hier zeitweise niederließen. Im Hintergrund ist der gerade fertig gestellte Neubau einer Volksschule zu sehen, benannt nach einem Dichter, zuerst Richard Dehmel, später Gorch Fock. In den 1990er Jahren war die Bergspitze vom Abriss und der Bebauung mit Luxuswohnungen bedroht; nach Protesten gelang es, einen 2-Sterne-Koch zu gewinnen, der nach Umbauten zudem ein 5-Sterne-Hotel mit elf Zimmern führt. Der Blick blieb unverwüstlich.

Blankenese Strandhotel

Vom Fischerdorf zum Luftkurort

Als Sinnbild dieses Wandels steht seit 1902 das helle Strandhotel (Bildmitte) am Blankeneser Elbufer. In den Sommermonaten kamen Tausende aus Altona und Hamburg: Viele ließen sich im großen Bier- und Kaffeegarten auf dem Vorgelände von Hans Ahrberg bedienen, von der Anlegestelle mit einem Boot über die breite Elbe zum Großen Schweinesand übersetzen oder genossen am Strand zu Füßen des Baurs Parks (oben rechts) Sonne und Wasser (jetzt Hafenanlage für einen Segel-Club). Am Strandweg reihte sich ein Restaurant ans andere, unten links ist noch das Schifferhaus zu erkennen, dem ein Sturm zwei Zwiebeltürme weggerissen hatte; heute steht hier ein Wohnhaus. Von den Stroh gedeckten Twee- und Dreehüsern der ehemaligen Blankeneser Fischer, Fährleute und Frachtensegler ist nicht mehr viel zu sehen: An diese mediterranen Gestade zog es Großstädter, die sich hier einkauften und breitmachten. Auch der zu Ruhm und Geld gekommene Schriftsteller Gustav Frenssen aus Dithmarschen ließ sich vor dem Ersten Weltkrieg eine Villa mit weitem Blick auf die Elbe errichten (oben Mitte). Der Krieg hat hier keinen Schaden angerichtet.

Blankenese Schulen

Realgymnasium neben Lyzeum

In unmittelbarer Nähe des Hesse-Parks (oben) erhielt die 1892 von Blankenese und Dockenhuden gegründete höhere Lehranstalt für Knaben zwei Jahre später ihr Gebäude in der Lindenstraße. Der große Zulauf zu Beginn des 20. Jahrhunderts machte eine Erweiterung nötig: Es wurde aufgestockt, der Mittelteil mit Aula vergrößert, zwei Flügel wurden angesetzt, so dass 18 Klassen Platz hatten. Bis heute hat sich auch der damals aufgesetzte Dachreiter mit Segelschiff als Wetterfahne erhalten. Noch vor diesem Umbau wurde unmittelbar daneben eine höhere Mädchenschule errichtet, mit zehn Klassenräumen, einem Zeichen- und einem Physiksaal sowie einer Aula und einer Wohnung für die Schulleiterin. Um 1930 wurden etwa 500 Schüler neben 300 Schülerinnen unterrichtet, die allerdings, wenn sie Abitur machen wollten, in die Oberstufe des Realgymnasiums wechseln mussten; ein geplanter Neubau des Lyzeums kam nach der Eingemeindung Blankeneses nach Altona 1927 nicht zustande. Die Lindenallee erhielt danach den Namen des ersten Direktors der Knabenschule Walther Kirschten. Links ist das Blankeneser Amtsgericht in der Dormienstraße zu sehen, im Anhang ein Gefängnisgebäude mit ummauertem Gefängnishof. Dahinter ist noch die Fassade des Postamts zu erkennen, das im Krieg vom Zufallstreffer eines britischen Bombers zerstört wurde.

Blankenese Warburg Villa

Eine Sommerresidenz am Hang des höchsten Berges von Blankenese

Noch ein paar Meter höher als der Süllberg diente der Kösterberg dem Altonaer Wasserwerk als Standort für die Aufbereitung von Elbwasser zu Trinkwasser und für die Verteilung in den Stadtteilen. Nicht weit davon entfernt ließ der Hamburger Bankier Moritz Max Warburg um 1900 eine Villa errichten und 30 Jahre später erweitern: Auf drei Etagen gab es viele Zimmer, rundherum viel Auslauf mit viel Ausblick auf die Elbe, von den Terrassen vor dem großen Salon, und vor den Zimmern im ersten Stock, vom Flachdach des Anbaus und von dem riesigen Garten. Gedacht war die Anlage als sommerlicher Treffpunkt der wachsenden und verstreuten Familie; ein paar Stufen herab zur Elbe wurde noch ein Garten im italienischen Stil mit Heckentheater für Liebhaberaufführungen und ein Seerosenteich geschaffen (nicht mehr im Bild). Besonders umtriebig war der älteste Sohn Erich, der als 20-Jähriger das Bankgeschäft erst in Berlin, Frankfurt am Main, London und dann vor allem in New York lernte und betrieb. 1938 emigrierten die als Juden verfolgten Warburgs in die USA; in der Wallstreet gründete Erich, der sich nun Eric nannte, eine eigene Bank. Nach dem Krieg kehrte er zurück, stellte die Villa als Unterkunft für aus dem Konzentrationslager Bergen-Belsen gerettete jüdische Kinder und Jugendliche zur Verfügung („Elsa-Brandström-Heim“) und setzte sich für die Verständigung zwischen Deutschland und den USA ein. Heute residiert dort eine Bildungs- und Tagungsstätte.

Blankenese Krähenburg

Der Blick vom Krähenberg

Nachdem der Hamburger Kaufmann John Henry Gossler (so nannte sich Johann Heinrich nach seinem Aufenthalt in den USA zur Unterscheidung von seinem gleichnamigen Vater) 1897 einen Sommersitz weitab von der Elbe im westlichen Dockenhuden erworben hatte, suchten auch andere, die sich einen Elbblick nicht leisten konnten, in dieser Lage ein Unterkommen. Zu den ersten gehörte der Grundstücksverwalter Adolf Schönfeldt aus Altona: Er ließ sich 1906/07 von einem Hamburger Architekten bei der höchsten Stelle des Krähenbergs eine eindrucksvolle Villa mit Säulenvorbau errichten. Ein an die Seite gestellter Turm sollte ihm auf Augenhöhe mit dem Süllberg einen weiten Blick in die Landschaft ermöglichen, nach Süden herab in den Gosslerpark, nach Norden in die Niederungen der Wedeler Au über Sülldorf nach Schenefeld, vielleicht sogar bis zur Kreisstadt Pinneberg. Die hervorstechende Bauweise trug dem weißen Haus die Bezeichnung Krähenburg ein. Der Run auf den prestigeträchtigen Villenvorort verstärkte sich noch nach dem Zusammenschluss von Dockenhuden mit Blankenese 1919, nach der Parzellierung der übernommenen Parks 1924 und nach der widerwilligen Eingemeindung nach Altona 1927. Inzwischen ist auch der Nordabhang des Krähenbergs dicht bebaut, obwohl, heißt es, der Winter hier eine Woche länger anhält als auf dem Südabhang; die Oberschule für Mädchen konnte 1959 von der Kirschtenstraße in den langersehnten Neubau an der Straße Willhöden (links oben) umziehen.

Dockenhuden Elbkurhaus

Vom Nobel-Hotel zur Apartmentanlage

Am Fuße des Mühlenbergs zwischen Nienstedten und Blankenese hatte der Hamburger Gustav Iven, der mit Tapeten und Wandbekleidungen jeder Art handelte, zu Beginn des 20. Jahrhunderts unmittelbar am Elbstrand eine Maschinenfabrik gekauft und erst zu seinem Wohnsitz, dann zu einer Erholungsanlage ausgebaut: Hotel und Restaurant erhielten den verlockenden Namen Elbkurhaus. Ab 1920 bemühte sich Iven um die Gründung eines Tapetenmuseums in Kassel. In diesen Jahren führte bereits Wilhelm Schade den Betrieb: An der langen Balustrade stand ein Tisch neben dem anderen, alle mit Blick auf das besonnte Strandleben. Sogar für einen Schiffsanleger war gesorgt, der die Gäste in Dockenhuden begrüßte, dem Geestdorf oberhalb des Mühlenbergs, das sich 1919 mit Blankenese zusammengeschlossen hatte. Das vornehme Restaurant diente auch Vereinen für ihre Sitzungen, Familien für ihre Feiern, Firmen für ihre Jubiläen; mit Beginn des Zweiten Weltkriegs wurde das Hotel als Lazarett genutzt. Nach dem Krieg verfiel die Anlage und wurde 1955 abgerissen: Der Hamburger Architekt Cäsar Pinnau errichtete auf dem Gelände eine langgestreckte Wohnanlage in Bonbonfarben: Nur der Straßenname *„Beim Elbkurhaus"* erinnert noch an die alten Zeiten; der Badestrand musste 1970 einem Segelhafen weichen.

Dockenhuden Hirschpark

Der letzte Rest eines Riesenbesitzes

Einst erstreckten sich die Ländereien der um 1700 aus Frankreich geflohenen Hugenotten-Familie Godeffroy von Dockenhuden bis Rissen. Bereits 1789 ließ sich der in Hamburg zum wohlhabenden Kaufmannreeder aufgestiegene Jean César Godeffroy vom dänischen Architekten Christian Friedrich Hansen einen Sommersitz mit klassischen Säulen und Blick auf die Elbe bauen (rechts). Eine mehrreihige Lindenallee (Mitte) zum Lustwandeln bestand bereits, ansonsten sorgte er in der kahlen Gegend für die reichliche Anpflanzung von Bäumen. Sein Enkel Johan César (1813-1885) brachte die Firma durch den Handel mit Südseeprodukten zu Weltgeltung und gab dem Park seine heutige Gestalt: Frisch eingeführte Rhododendronpflanzen aus dem Himalaya betonten den englischen Grundcharakter, geometrisch angelegte Blumenbeete und ein Springbrunnen wie die in Kegelform beschnittenen Koniferen gaben ihm eine französische Note. Außerdem ließ er ein Hirschgatter anlegen, besetzt auch mit Fasanen, Rebhühnern und Enten, nicht zur Jagd, sondern als Kulisse für Jagddiners, um sich mit Fürstenhöfen zu messen und zugleich von ihnen abzuheben. Seine Gäste brachte er in einem umgebauten Bauernhaus unter (unten), heute Teestube und Speiselokal. 1889 erwarb ein Altonaer Kaufmann den Hirschpark; 1924 kaufte ihn die Gemeinde Blankenese: Er wurde allgemein zugänglich, auch für Tennisspieler (Mitte links), und behielt weitgehend seine Gestalt.

Klein Flottbek Jenisch-Park

Ein Sommersitz mit Blick auf die Elbe

Der Hamburger Senator Johann Martin Jenisch hatte sich 1831 in Klein Flottbek „ein herrschaftliches Haus mit einem nach allen Seiten hin imponierenden Aussehen" bauen lassen; erworben hatte er die Ländereien kurz zuvor von dem Weltbürger und Wohltäter Caspar Voght, der hier ein landwirtschaftliches Mustergut für Kartoffeln, Rüben und Spargel geführt hatte, das Jenisch in eine Wiesenlandschaft umgestaltete, um einen freien Blick auf die Elbe zu behalten; nur für ein Palmen- und Orchideenhaus konnte er sich erwärmen. Abseits liegende Teile wurden zu Beginn des 20. Jahrhunderts exklusiven Sportarten überlassen: der Nordpark (oben Mitte) einem Polo-Club, der Ostpark (oben rechts nicht mehr im Bild) einem Golf-Club. Damit nach dem Tode des letzten Jenisch der Südpark nicht in Bauland verwandelt wird, schloss die Stadt Altona 1927 mit den Erben einen Pachtvertrag, um die Grünanlage öffentlich zugänglich zu machen und das auf alt möblierte Herrenhaus für Empfänge und Festlichkeiten zu nutzen. Es war das Jahr, als sich Altona die steuerlich lukrativen Elbvororte einverleibte. Tatsächlich bietet das Jenisch-Haus seit 1933 (mit Unterbrechungen durch Krieg, britische Besatzung, Unterbringung von Ausgebomten) ein Museum für bürgerliche Wohnkultur. Im Vordergrund die Elbchaussee: Sie überbrückt hier die sich durch den Park schlängelnde Flottbek, einst für Fuhrleute wohl eine gefährliche Stelle, so dass sie ihr verwünschend den Namen Teufelsbrück gaben; davor ein fast versandeter Liegeplatz für Kutter und Segelboote.

Neumühlen Donner-Schloss

Der helle Prachtbau einer Bankiersfamilie als Ausbildungsstätte

Nachdem die letzte Schlossherrin und Wohltäterin Helene Donner 1909 im Alter von 90 Jahren gestorben war, verkauften die Erben die Immobilie an die Stadt Altona. Das Terrassengelände wurde zum öffentlichen Park für eine Gartenbauausstellung zum 250-jährigen Stadtjubiläum umgestaltet, das herrschaftliche Haus erst dem Altonaer Künstlerverein, 1922 der Kunstgewerbeschule und einem Seminar für technische Lehrerinnen zur Nutzung überlassen. Den repräsentativen Platz am Elbhang hatte sich der Begründer des Bankgeschäfts, Conrad Hinrich Donner 1820 ausgesucht, dort wo eine Mühle das in einem Teich (links unten) aufgestaute Wasser nutze, das aus einer Quelle im Geesthang floss. (Davon leitet sich der Ortsname Neumühlen her.) Sohn Bernhard vollendete 1856-58 den romantisch verspielten Sommersitz und ließ ihn fürstlich ausstatten: Er hatte wohl das gerade fertig gestellte Schlösschen des preußischen Prinzen Wilhelm in Babelsberg mit dem an die Seite gestellten Bergfried und den hohen Spitzbogenfenstern vor Augen. Tatsächlich wurden im majestätischen Donnerschloss hohe und höchste Gäste empfangen, bewirtet und untergebracht. Damals trennte nur ein schmaler Weg den Park vom Elbufer, später eine breite Kaistraße mit mehreren Schienensträngen (unten), die vom Kühlhaus zum Altonaer Bahnhof führten. Das Schloss erlitt im Zweiten Weltkrieg Bombentreffer und wurde danach abgerissen; der Park blieb der Öffentlichkeit erhalten, wurde neu gestaltet und durch einen Spielplatz ergänzt.

Neumühlen

Vom Kühlhaus für Gefrierfleisch zur Residenz für Senioren

Mit der Kunst des Einfrierens wurde Rindfleisch aus Argentinien nach dem Ersten Weltkrieg in Deutschland zum Renner, zunächst als Helfer aus der Not des ausgeraubten Verlierers, dann als preisgünstige Ergänzung zum heimischen Angebot. Die Londoner Firma Weddel & Co. wollte 1925 mit Fracht aus Südamerika auch in Deutschland Fuß fassen und ließ am Eingang zum Altonaer Hafen das 12-stöckige Kühlhaus Union bauen, in dem neben Fleisch auch Butter, Eier, Obst, Gemüse bei unterschiedlichen Temperaturen gelagert werden konnten. Der klotzige Quader, eingekleidet in roten Klinker, versprach die sichere Versorgung aus einem Land, wo ein Rind am Fließband in 32 Minuten enthauptet, ausgenommen, in zwei Hälften zerlegt und gesäubert wurde. Gut 40 Jahre herrschten in dem Gebäude Minus-Grade. Nach weiteren fast zwei Jahrzehnten Leerstand hat ein Betreiber von Einrichtungen zum betreuten Wohnen aus Bayern zugesagt, das zum Denkmal erklärte Kühlhaus nach dem Abriss in denselben Dimensionen wieder aufzubauen: dicht an dicht mit Fenstern versehen, aber ohne Balkone, dafür eine Dachterrasse mit Glaskuppel, von wo man in Augenhöhe Kreuzfahrtschiffe bestaunen kann. Hinter dem Schiffsanleger Neumühlen, wo reichlich Platz für einen späteren Museumshafen ist, ein schmales Stück Sandstrand am Fuße des steilen Geestabhangs: Hier genoss im Badeanzug die Sonne, wer sich in den Sommermonaten einen Ausflug an Nord- oder Ostsee nicht leisten konnte, hier lernten Kinder, was Ebbe und Flut bedeuten.

Nienstedten

Vom Elbschlösschen zur Elbschloss-Brauerei

Die Errichtung der Brauerei begann 1882 in einem großen Parkgelände unmittelbar an der Elbchaussee in dem beschaulichen Kirchdorf Nienstedten; dort hatte sich zu Beginn des 19. Jahrhunderts Johann Heinrich Baur, Sohn des gleichnamigen Altonaer Bankiers, vom dänischen Architekten Christian Friedrich Hansen einen kleinen quadratischen Wohntempel mit niedriger Kuppel errichten lassen, „Elbschlösschen" genannt (Mitte links); er starb bald nach Fertigstellung an einem Seuchenfieber. Die neugegründete Brauerei ließ aus Pietät gegenüber dem Namensgeber das Elbschlösschen stehen: Als erstes entstand die lang gestreckte Mälzerei mit den charakteristischen Ablufttürmen und einem hohen Schornstein, dann daneben die eigentliche Brauerei, Lagerhallen, Verwaltungsgebäude, bis das gesamte Areal ausgefüllt war. Die Elbschloss-Brauerei vertrieb ihr Lager- und Exportbier weltweit und Bierdunst in die feine Villengegend, Angestellte entweihten Baurs Tempel als gewöhnliche Unterkunft. Wegen des stagnierenden Bierabsatzes in der Weltwirtschaftskrise begann man 1932, auch Limonaden, Brause und Selters abzufüllen. Nach mehreren Besitzerwechseln wurden 1995 der Brauereibetrieb eingestellt, die Betriebsanlagen nach Rumänien verschifft und die meisten Gebäude abgerissen. Heute stehen hier neben der denkmalgeschützten Mälzerei acht Großwohnhäuser sowie eine Senioren-Residenz mit einem Restaurant im früheren Bierausschank. Das Elbschlösschen bleibt wie zuvor versteckt.

Bergedorf Gojenberg

Auf den Bergen zu den Sternen

Vom Geestrücken, 40 Meter oberhalb der Marsch, kann man den weiten Blick in die Vierlande ebenso wie in den Himmel genießen. Wer auf dem Gojenbergsweg von Bergedorf in Richtung der aufgehenden Sonne geht, kommt am 1912 eingeweihten Städtischen Krankenhaus (unten Mitte) und dem zum Teil bebauten Stadterweiterungsgebiet vorbei zur Sternwarte (rechts oben), die ebenfalls 1912 ihren Betrieb in einem Parkgelände aufgenommen hatte, unmittelbar vor dem neuen Friedhof am östlichen Stadtrand. Wegen des zunehmenden Großstadtdunstes und der neu eingeführten Straßenbeleuchtung war der Umzug vom Millerntor an die freie Luft notwendig geworden. Er gab Gelegenheit, die Ausstattung auf den neuesten Stand zu bringen: Von fünf Rundbauten aus werden mit raffinierten Instrumenten aus Jena Himmelskörper beobachtet und entdeckt, wie etwa 1914 einen winzigen Asteroiden, der in Anspielung auf Bergedorf *Montana* getauft wurde. Ein Teleskop dient dazu, den Durchgang der Sonne und der Gestirne durch den Längengrad zu messen und die exakte Zeit direkt an den Normaluhren der Börse, der Landungsbrücken, der Post und des Rundfunks zu steuern. Ein Waldstreifen schützt die Sternengucker vor der Lichtemission der weiter zunehmenden Bebauung mit Doppel-, Reihen- und Mehrfamilienhäusern durch die Kleinwohnungsbaugesellschaft *„Freie Stadt"*. Über den Geesthang führt die geschwungene Friedrich-Ebert-(heute: Justus-Brinkmann-)Straße vorbei an Einzelhäusern in die Niederungen der Brunnen-(heute: Holtenklinker-)straße.

Bergedorf Schloss

Von der Wasserburg zum Heimatmuseum

In Bergedorf steht das einzige noch erhaltene Schloss in Hamburg, nachdem die Dänen und Welfen ihre Herrschaftssitze in Altona, Wandsbek und Harburg aufgeben mussten. Es ist eine der wenigen kriegerischen Eroberungen, die Hamburg gemeinsam mit Lübeck 1420 gelang: Der übermütige Herzog von Lauenburg hatte an Elbe und Bille mit Straßenräubereien vom Handel der Hanse profitieren wollen. Die beiden Städte beherrschten nun abwechselnd vom Schloss aus das Örtchen am Billeübergang und die südlich angrenzenden Vierlande. Bergedorfs Aufschwung begann, als Hamburg 1867 Lübeck abfand, die Verwaltung allein übernahm und um 1900 das heruntergekommene Schloss außen und innen unter Beachtung altertümlicher Stilelemente renovierte: Es gab einen verkleinerten Ersatz für den zusammengestürzten Turm, einen neuen Flügel an der Nordseite und gediegen eingerichtete Gemächer für den hier residierenden Landherrn aus Hamburg. Mit Sorgfalt wurde der verwilderte Schlosspark hergerichtet: Erhalten blieb in Erinnerung an den Ursprung als Wasserburg der innere Wassergraben, nicht erhalten blieb das nicht mehr benötigte freie Schussfeld; der verspielte Dachreiter wurde 1939 entfernt. Im Schloss befanden sich das Amtsgericht, ein Polizeiposten und andere Ämter; 1955 hat ein Museum seine Pforten geöffnet, das die Geschichte des Städtchens und der Vierlande behandelt.

Bergedorf Altstadt

Ein Durchbruch zu den Vierlanden

In den 1920er Jahren strebte der sozialdemokratische Bürgermeister Wilhelm Wiesner ein „neues Bergedorf" an. Dafür wurden große Teile der Altstadt geopfert. Der 1928 begonnene Bau einer „Durchbruchstraße" zu den Vierlanden (Mitte) sollte die schmale Straße zwischen Holsten- und Sachsentor (oben) vom Durchgangsverkehr entlasten sowie die erfolgreichen Obst- und Gemüsebauern in Altenund Neuengamme, in Curslack und Kirchwerder enger an das wachsende Städtchen binden. Viele alte Häuserzeilen mit engen, dunklen, ungesunden Gassen mussten wie die Gängeviertel in Hamburg den Sanierungsabsichten weichen; nur der ehrwürdige Gasthof Stadt Hamburg konnte versetzt und bewahrt werden. Die Besetzung des Straßenrandes mit 4-stöckigen Backstein-Wohnhäusern begann Ende 1930. Die neue Schneise gibt den Blick frei auf das Herz des Ortes, die Kirche und das Schloss (oben). Links ist der alte Hafen am Schiffwasser zu sehen, dahinter das neu ausgebaute Hafenbecken. Dazwischen ist 1957/58 gegen heftige Proteste ein zweiter Durchbruch erfolgt: Die mehrspurige Bergedorfer Straße beseitigte die Reste der Altstadt mit 400 „leistungsschwachen" Mietparteien und ermöglichte die Umwandlung der historischen Durchgangsstraße in eine Fußgängerzone. Dreißig Jahre später mussten auch die letzten beiden Fachwerkhäuser am Specken (Bildmitte) gegen den Widerstand von Hausbesetzern verschwinden.

Bergedorf Hansa-Schule

Ein klassischer Schumacher Bau

Es ist eine von sieben Schulen, die Hamburgs Oberbaudirektor Fritz Schumacher noch vor dem Ersten Weltkrieg errichten konnte. Im Juni 1914 bezog die 1883 gegründete Höhere Bürgerschule das dreistöckige Gebäude mit einem hohen als Raumreserve vorgesehenen Mansardendach an der Bismarck-(heute: Hermann-Distel-)straße: Die nach Osten und Westen ausgerichteten breiten Fensterfronten brachten viel Licht in Klassen- und Fachräume, die rote Klinkerverkleidung erinnerte an Vorbilder der Hansezeit. Der südliche Flügel (Turnhalle und Aula) wurde rechtwinklig mit Turm angeschlossen: Im inneren Eck befindet sich der Haupteingang, geschmückt mit einem Athene-Relief, das wie die Figuren antiker Philosophen, Dichter und Politiker den humanistischen Anspruch unterstreichen sollte. Im Norden des großen Schulhofs wurde Platz für einen Erweiterungsbau gelassen. Die Hansa-Schule war umgeben von einem Villenviertel, in dem überwiegend Kaufleute, Unternehmer, Beamte, Rechtsanwälte lebten. Mit der Revolution von 1918/19 hatte man nicht viel am Hut: Fast unangefochten ließ der damalige Schulleiter Ferdinand Ohly entweder die schwarz-weiß-rote Flagge des Kaiserreichs hissen oder gar keine; im Elternrat saßen acht Vertreter der Liste „unpolitische Schulgemeinde" neben nur einem von der Liste „Schulfortschritt". Trotzdem gab es eine Zusammenarbeit mit der Luisenschule für Mädchen, die 1931 ebenfalls von Schumacher ein neues Gebäude erhielt. Der Bombenkrieg richtete keinen Schaden an; aber ein Brandstifter ließ 1969 den Südflügel in Flammen aufgehen. Der Zentralbau behauptet sich nach wie vor gegenüber den Neu- und Umbauten.

Harburg Außenmühle

Ein großer See und ein großer Park

Bereits vor dem Ersten Weltkrieg hatte Harburgs Magistrat beschlossen, nach dem Vorbild von Hamburg und Altona einen Stadtpark zu schaffen. Südlich der Fabrikschlote wurden Wiesen und Ackerflächen am Westufer des Außenmühlenteichs erworben, dessen aufgestautes Wasser seit Jahrhunderten eine ehemals außerstädtisch gelegene Mühle antrieb und am Ostufer seit 1890 eine Badeanstalt versorgte; die Anlagen wurden damals nach Kaiser Wilhelm II. benannt. Der Ausbau auf dem leicht hügeligen Gelände am Rande der Harburger Berge begann 1914 unter dem Gartenbaudirektor Georg Hölscher, kam im Krieg zum Erliegen und wurde 1926 fertig gestellt. Die Parklandschaft mit ihren Spiel- und Sportstätten, Wegen und Liegewiesen sollte der Volksgesundheit dienen, der Volksbildung mit einer Freiluftbühne, einem Schulgarten und einem Gedenkstein für Beethoven; die einfache Badestelle verwandelte sich in ein Strandbad (links). Nach dem Zweiten Weltkrieg wurde die Parkfläche mehr als vervierfacht, der Vogelwelt am Südufer ein Feuchtbiotop geschaffen, ein Rundweg um den Außenmühlenteich angelegt und aus dem einfachen Strand- ein skandinavisch angehauchtes Erlebnisbad, das nun aus dem Wasserwerk beliefert wird. Wasserfläche und Parksilhouette bilden jährlich die Kulisse für das sommerliche Außenmühlenfest, in Erinnerung an das frühere Volksfest, das nach dem Abfischen des Teichs gefeiert worden war.

Harburg Eißendorf

Moderne Flachdächer inmitten alter Spitzdächer

1925 forderte der preußische Regierungspräsident den Harburger Magistrat auf, das Reichsstättenheimgesetz anzuwenden und der „minderbemittelten Bevölkerung" Wohnungen bauen zu lassen. Die städtische Wohnungsbaugesellschaft und die Baugesellschaft „Hoffnung" ergriffen die Gelegenheit finanzieller Unterstützung und bereiteten die Erweiterung ihrer vorhandenen Wohnblöcke auf dem ehemaligen Exerzierplatz zwischen der Eißendorfer (links) und der Hoppenstedter (rechts) Straße vor, etwa einen Kilometer westlich vom Harburger Rathaus. Als Architekten gewannen sie Karl Schneider, der sich u.a. beim Bau der Jarrestadt in Barmbek einen Namen gemacht hatte. Hier sah er die Gelegenheit, die Prinzipien des Neuen Bauens konsequent umsetzen zu können: weiße Putzbauten mit flachen Dächern in engen Zeilen aufgereiht. Kritik gab es von Architektur-Kollegen, die an der Tradition des Satteldachs festhalten wollten. Beschwerden gab es von den Bewohnern, die 1930 die günstigen Wohnungen bezogen hatten: Es regnete durch. Architekt und Bauherren stritten sich um die Verantwortung. Inzwischen haben die Zeilenbauten Spitzdächer bekommen. Im Hintergrund ist der Lohmühlenteich zu sehen, gespeist vom Göhlbach; in der Nähe standen mehrere Fabriken, darunter eine Weberei und ein Hartsteinwerk.

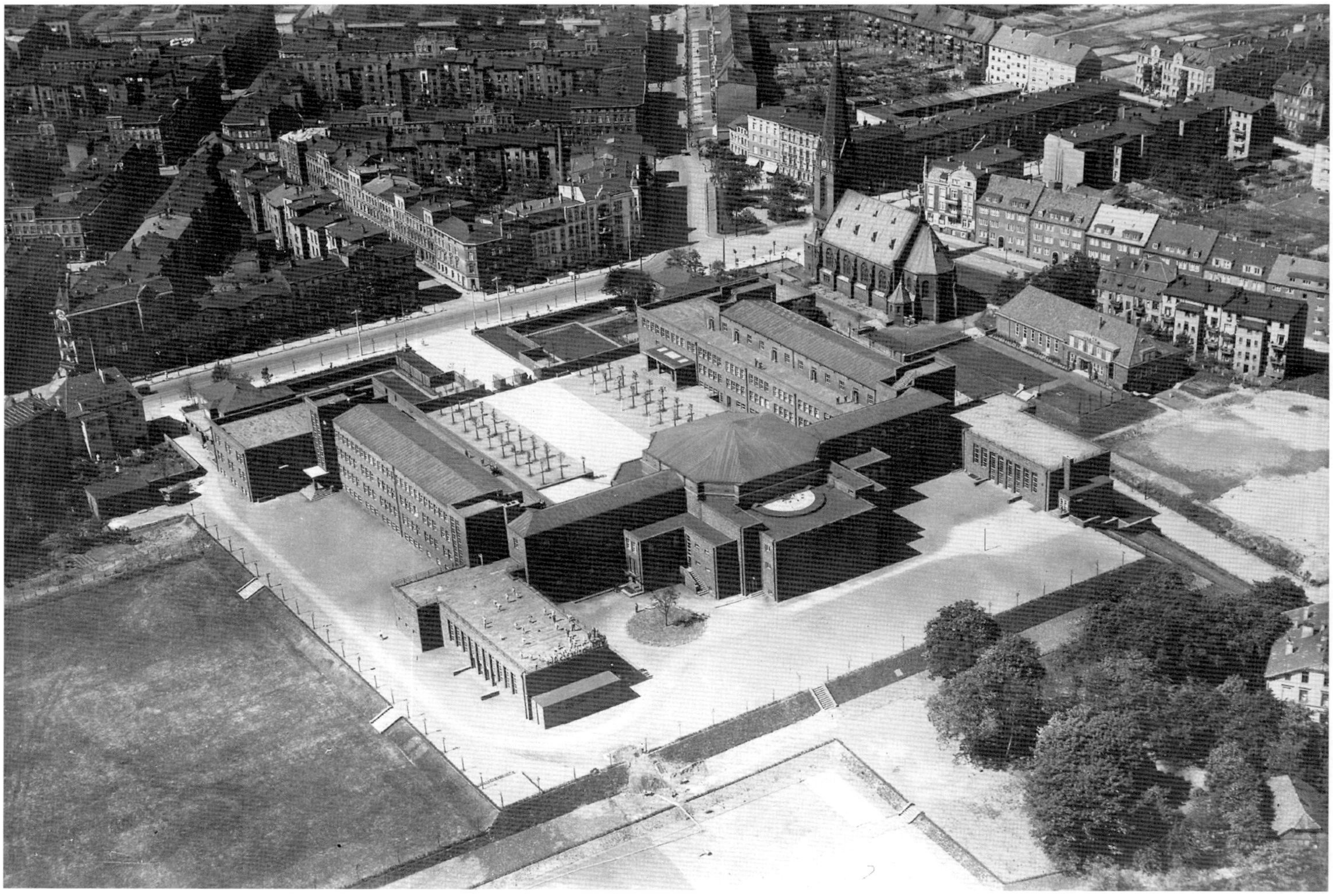

Harburg Friedrich-Ebert-Halle

Zwei Schulen und ein Festsaal

Ende der 1920er Jahre plante Harburg am (Alten) Postweg in Heimfeld auf der Höhe des Schwarzenberges ein großes öffentliches Gebäude. Die Hafen- und Industriestadt an der Süderelbe war nach dem Zusammenschluss mit Wilhelmsburg zur Großstadt aufgestiegen und glaubte nun, sich nicht nur ein Volkshaus, sondern einen Konzertsaal mit mehr als tausend Plätzen und einer Orgel gönnen zu können. Flankiert wurde der erhöhte Hauptbau mit dem flachen Pyramidendach von zwei sachlich-schlichten Schulgebäuden, dem die Tradition der alten Lateinschule fortführenden Realgymnasium, benannt nach dem 1929 verstorbenen Außenminister Gustav Stresemann, und der Oberrealschule, benannt nach dem Reformpädagogen Georg Kerschensteiner. Die Festhalle taufte der sozialdemokratische Oberbürgermeister Walter Dudek 1930 auf den Namen des SPD-Vorsitzenden und ersten Reichspräsidenten der Weimarer Republik, Friedrich Ebert. Der nach hansischem Vorbild in dunkelrotem Backstein errichtete Komplex wurde von britischen Bombern Anfang August 1943 schwer beschädigt und nach dem Krieg im alten Stil wieder aufgebaut, allerdings mit neuen Buntglasfenstern versehen. Mehrere Renovierungen in den letzten Jahren haben ihm neuen Glanz verliehen, den Namen Friedrich Ebert tragen nun Halle und Gymnasium. Neben dem Komplex steht die Kirche der St. Paulus-Gemeinde, die das 1888 eingemeindete Stadterweiterungsgebiet mit den Etagenhäusern der Heimfelder-, Meyer- und Haakestraße (oben) betreut.

Wandsbek Gewerbe

Handel und Wandel am Stadtrand

Wandsbek war über seine Grenzen hinaus für die Markenerzeugnisse seines Gewerbefleißes bekannt, Zigaretten von Heinrich Neuerburg, Kakao und Schokolade von Friedrich Reichardt, Liköre und Kümmel von Heinrich Helbing („begehrt in Deutschland und in Übersee"). Es war jedoch der Dichter Matthias Claudius, der Wandsbek von 1771-1775 mit seiner Tageszeitung *Wandsbeker Bothe* zum berühmtesten Marktflecken Deutschlands machte; an diese Tradition knüpfte 1861 mit dem *Wandsbeker Boten* Friedrich Puvogel an, der es bis zum Bürgermeister brachte, für das neue Stadtwappen die Wanderutensilien des Dichters nutzte und in seinem Verlag zahlreiche heimatkundliche Schriften veröffentlichte. Ein guter Ort für die Hanseatische Verlagsanstalt, sagte sich der Eigentümer, der Deutschnationale Handlungsgehilfenverband vom Holstentor in Hamburg: 1926 ließ er in der Bramfelder- (heute Holzmühlen-) straße gegenüber viergeschossiger Wohnblocks eine Großdruckerei mit modernen Maschinen für Buch-, Offset- und Rotationsdruck errichten (Bildmitte). Das Verlagsprogramm richtete sich mit seinen Büchern, Broschüren und Zeitschriften an eine national gesinnte Leserschaft. Ab 1933 wehte über dem Verlagshaus eine Hakenkreuzfahne. Da gab es sicher keine Bedenken, die durchgehende Querstraße (oben), den Grünen Weg, in Adolf-Hitler-Damm umzubenennen, heute Friedrich-Ebert-Damm. Das Druckereigebäude steht noch und dient einem High Tech Center.

Wandsbek Markt

Von der Kreisstadt zum Stadtteil

In Hamburgs preußischem Nachbarort Wandsbek ist Markttag. Die Stände sind um ein gepflegtes Rondeel herum aufgebaut, gemächlich prüfen die Kunden Gemüse, Obst, Eier und Geflügel aus der Region. Beherrscht wird der Marktplatz vom schlanken Turm der Christus-Kirche, nach einem verheerenden Brand 1898 bereits der dritte Bau, leicht nach Süden verrückt. Gut zu erkennen ist daher die rechts hinter der Kirche liegende Schule: Sie wurde 1890 nach dem größten Sohn des Ortes Matthias Claudius benannt. Links daneben ein gegen Ende des 18. Jahrhunderts im klassischen Stil und mit bescheidenen Mitteln errichtetes Mausoleum: Der in dänischen Diensten stehende Großkaufmann Carl Heinrich Schimmelmann hatte eine bestimmte Summe seines Erbes für Bau und Pflege dieser letzten Ruhestätte hinterlassen; ihm hatten nicht nur Ahrensburg und Wandsbek, sondern auch Plantagen und Sklaven in der Karibik gehört. Im Ersten Weltkrieg wurde das gewölbte Kupferdach eingeschmolzen, die Inflationszeit verzehrte Schimmelmanns Vermächtnis, so dass das Mausoleum zur Gedenkstätte für die im Krieg gefallenen Wandsbeker umgestaltet werden konnte. 1922 engagierte Oberbürgermeister Erich Rodig den Hamburger Architekten Fritz Höger, der, bevor er sich an das Chile-Haus in Hamburg machte, im früheren Schlossgarten (rechts) ein Gebäude für die Verwaltung und die Sparkasse des Kreises Storman (heute Bezirksamt) errichtete. Abgesehen vom Mausoleum ließ der britische Bombenkrieg rund um den Marktplatz kaum einen Stein über dem anderen. So konnten die Verkehrsplaner in Hamburg, in das Wandsbek 1937 wunschgemäß eingemeindet worden war, in den 1960er Jahren den Platz für eine U-Bahnlinie zur Gartenstadt untertunneln sowie mit einem riesigen Busbahnhof bedecken (Zehntausende tummeln sich hier täglich) und der neugebauten Kirche eine sechsspurige Ringstraße vor die Füße legen. Der Mitte der 1960er Jahre geplante Bau einer hochgelegten Stadtautobahn („Ost-Tangente“) wurde nicht realisiert.

Joachim Paschen, geboren 1944, Studium in Hamburg, München, Berlin, Promotion 1973 in Geschichte bei Prof. Fritz Fischer, Universität Hamburg, Direktor der Staatlichen Landesbildstelle Hamburg von 1987-2003. Autor zahlreicher Bücher zur Geschichte Hamburgs. Im Medien-Verlag Schubert erschienen *Hamburg im Bombenkrieg* (1993), *Das neue Hamburg* (1998), *Fritz Schumacher – mein Hamburg* (1994).

Literatur

Bauche, Ulrich: Flug über Hamburg einst und jetzt. Hamburg 1972

Bauche, Ulrich: Hamburg in historischen Luftbildern. Hamburg 1980

Bertram, Friedrich: Mein Hamburg. Heimatkundliche Spaziergänge und Plaudereien. Vier Teile. Hamburg 1921ff

Bose, Michael u.a.: Ein neues Hamburg entsteht. Hamburg 1986

Dogramci, Burcu (Hrsg.): Gustav Oelsner – Stadtplaner und Architekt der Moderne. Hamburg 2008

Donath, Matthias: Hamburg 1933-1945. Ein Architekturführer. Petersberg 2011

Dreckmann, Alfred: Bergedorfer Industrie in Texten und Bildern. Hamburg 1992

Ellermeyer, Jürgen u.a. (Hrsg.): Harburg – von der Burg zur Industriestadt. Hamburg 1988

Fischer, Manfred F.: Fritz Schumacher. Bauten und Planungen in Hamburg. Hamburg 1994

Feuß, Axel: Wasser-, Wind- und Industriemühlen. Heide 2007

Frahm, Walter: Wandsbek – unsere Stadt in Wort und Bild. Wandsbek 1935

Fremdenverkehrsverein Hamburg e.V. (Hrsg.): Führer durch Hamburg. Hamburg 1928

Fremdenverkehrsverein Hamburg e.V. (Hrsg.): Hamburg Führer, Hamburg 1936

Fricke, Helmuth: Hamburg-Wandsbek. Erfurt 2004

Gaedechens, Cipriano Francisco: Historische Topographie der Freien und Hansestadt Hamburg und ihrer nächsten Umgebung von der Entstehung bis auf die Gegenwart. Hamburg 1880

Gebhard, Julius: Fritz Höger – Baumeister in Hamburg. Hamburg 1952

Grobecker, Kurt: Flug über Hamburg. Hamburg 1978

Gutsche, Susanne u.a.: Dulsberg aus der Luft 1922-1942. Hamburg 2005
Hamburg und seine Bauten unter Berücksichtigung der Nachbarstädte Altona und Wandsbek. Hamburg 1914
Hamburg und seine Bauten mit Altona, Wandsbek und Harburg-Wilhelmsburg 1918-1929. Hamburg 1929
Hamburger Adressbuch 1900ff
Hamburger Nachrichten (Hrsg.) Hamburg aus der Vogelschau. Hamburg 1933
Hanke, Christian u.a.: Hamburg im Bombekrieg 1940-1945. Hamburg 2003
Hansa-Plan: Hansestadt Hamburg von Blankenese bis Wandsbek. Hamburg 1937
Harder, Hans: Wer wandert mit? Altona 1932
Harms Hans und Dirk Schubert: Wohnen in Hamburg – ein Stadtführer. Hamburg 1989
Hipp, Hermann: Freie und Hansestadt Hamburg. Köln 1989
Hipp, Hermann (Hrsg.): Haus K. in O. 1930-32. Berlin 2005
Hoffmann, Gerd: Hamburg in frühen Luftaufnahmen 1921 bis 1932. Erfurt 2008
Hoffmann, Gerd und Joachim W. Frank: Hamburg in Luftaufnahmen und Bildern 1933-1963. Erfurt 2011
Hoffmann, Gerd: Hamburg-Bergedorf in Luftbildern 1912 bis 2015. Erfurt 2017
Hoffmann, Paul Theodor: Neues Altona 1919-1929. Jena 1929
Irlenhäuser, Olaf: Landhäuser&Villen in Hamburg – Bd. 1: Blankenese. Berlin 2008
Jaeger, Roland: Block&Hochfeld - die Architekten des Deutschlandhauses. Berlin 1996
Jenner, Harald: 125 Jahre Anschar-Höhe Eppendorf. Hamburg 2011
Joachim, Hermann: Handbuch für Wohltätigkeit in Hamburg. Hamburg 1901
Knigge, Jobst C.: 100 Jahre Fritz-Schumacher-Siedlung in Hamburg. Berlin 2016
Koch, H.: Gartenbauausstellung Altona 1914. Hamburg 1915
Kopitzhsch, Franklin und Daniel Tilgner (Hrsg.): Hamburg Lexikon. Hamburg 1998
Kulturbehörde Hamburg Hrsg.): Kiek mol. Neue und bewährte Stadtteilrundgänge der Hamburger Geschichtswerkstätten. Hamburg. 1998
Lüdtke, Heinrich und Friedrich Tutenberg: Die Gartenstadt Altona mit ihrer Umgebung: Volkspark, Hauptfriedhof, Bahrenfeld. Altona 1925
Marg, Volker und Reiner Schröder: Architektur in Hamburg seit 1900. Hamburg 1993
Melhop, Wilhelm: Die Alster. Hamburg 1932
Müssig, Gert: Erlenbusch. 80 Jahre für Menschen mit Behinderung. Hamburg 2017
Neddermeyer, Franz Heinrich: Zur Statistik und Topographie der Freien und Hansestadt Hamburg und deren Gebietes. Hamburg 1847
Orfix-Stadtplan: Hamburg, Altona und Wandsbek. Hamburg 1928
Paschen, Joachim: Hurra, wir leben noch. Hamburg nach 1945. Gudensberg-Gleichen 2003
Paschen, Joachim: Hamburg vor dem Krieg 1933-1940. Bremen 2003
Paschen, Joachim: Hamburg vor hundert Jahren. Hamburg 1999
Paschen, Joachim: Das neue Hamburg. Hamburg 1998
Radó, Alex (Hrsg.): Der neue Führer Gross-Hamburg. Berlin 1929
Römmer, Christian: 850 Jahre Bergedorf. Hamburg 2012
Röpke, Georg-Wilhelm: Wandsbek informativ – das Buch. Hamburg 1994
Schädel, Dieter: Auf den Spuren von Fritz Schumacher in Hamburg. Hamburg 2001
Schmoock, Matthias: Rundflug über das alte Hamburg. Gudensberg-Gleichen 2000
Schumacher, Fritz: Mein Hamburg – Bilder und Erinnerungen. Hamburg 1994
Schumacher, Fritz: Das Werden einer Wohnstadt. Bilder aus dem neuen Hamburg. Hamburg 1984
Schütt, Ernst Christian: Chronik Hamburg. Gütersloh 1997
Seemann, Agnes: Bergedorf und Lohbrügge. Hamburg 1997
Sinz, Herbet (Hrsg.): 75 Jahre Elbschloss-Brauerei. Darmstadt 1956
Skrentny, Werner (Hrsg.): Zu Fuß durch Hamburg. Hamburg 1996
Wandsbek heute und morgen. Dokumentation über Verwaltung, Wirtschaft und Geschichte. Hamburg 1966
Wiegand, Wolf Achim: Hamburg-Blankenese. Erfurt 2006
Will, Carl: Hamburg – eine Heimatkunde in vier Bänden. Hamburg 1954ff
Witt, Friedrich: Hamburgs Straßen und ihre Geschichte. Hamburg 1954

Bildmaterial: Staatsarchiv Hamburg, mit freundlicher Genehmigung.

Unser Verlagsprogramm

Hamburg
Altona von A–Z
Barmbek im Wandel
Barmbek von A–Z
Eimsbüttel von A–Z
Eppendorf von A–Z
Feuerwehr-Buch Hamburg, das Große
Grobecker, Kurt: On air – Reporter beim Norddeutschen Rundfunk
Hamburger Hafen, der
Hamburg im Bombenkrieg –1940–1945
Hamburgs Neustadt im Wandel
Hamburgs stolze Fregatten – Konvoischifffahrt im 17. Jahrhundert
Hamburgs Straßennamen erzählen Geschichte
Harburg – von 1970 bis heute
Harburg von A–Z
Harburgs schönste Seiten
Langenhorn im Wandel
Pompöser Leichenzug zur schlichten Grabstäte – ... St. Michaelis
Rothenburgsort, Veddel im Wandel
Winterhude von A–Z

Schleswig-Holstein
Bad Oldesloe
Bad Segeberg im Wandel
Bad Segebergs schönste Seiten
Fontane in Schleswig-Holstein und Hamburg
Kiels schönste Seiten
Sagenhaftes Sylt
So kochte Sylt
St. Peter-Ording
Sylt – Die großen Jahrzehnte
Sylt – Noch mehr Inselgeschichten
Sylt im Wandel – Menschen, Strand und mehr
Sylt prominent
Sylts schönste Seiten

Niedersachsen
Buchholz in der Nordheide
Celle – Stadt und Landkreis
Cuxhaven – Maritime Stadt mit Zukunft und Geschichte
Cuxhaven – Stadt am Tor zur Welt
Göttingens schönste Seiten
Hannovers schönste Seiten
Hannovers Straßennamen erzählen Geschichte

Ostfriesland
Rotenburg, der Landkreis
Stade und das Alte Land
Verden, der Landkreis

Nordrhein-Westfalen
Dortmunds schönste Seiten
Düsseldorfs schönste Seiten
Duisburg – Stadt an Rhein und Ruhr
Heinsberg, der Kreis
Kölns schönste Seiten
Siegen und das Siegerland

Baden-Württemberg
Freudenstadt, der Landkreis
Konstanz
Konstanz schönste Seiten

Bayern
Boten aus Stein – Alte Kirchen im Werdenfelser Land, am Staffelsee und im Ammergau

Unser Programm im Internet: www.medien-verlag.de